A*t*V

EGON ERWIN KISCH wurde 1885 in Prag als Sohn eines Tuchhändlers geboren. Er absolvierte die deutsche Staatsrealschule und nahm an der Technischen Hochschule der Stadt ein Studium auf. Seine journalistische Laufbahn begann beim „Prager Tageblatt". 1905/06 besuchte er eine Journalistenschule in Berlin. Bis 1913 schrieb Kisch als Lokalreporter für die deutschsprachige Prager Tageszeitung „Bohemia". Im ersten Weltkrieg war er Soldat der K. u. k.-Armee, 1917 Offizier im Wiener Kriegspressequartier. Er wurde Mitglied des Arbeiter- und Soldatenrates und 1918 erster Kommandant der Roten Garden von Wien. 1921 siedelte er nach Berlin über. Große Reportagereisen führten Kisch in die Sowjetunion, die USA, nach China und Australien. Nach dem Reichstagsbrand verschleppte man Kisch in die Festung Spandau, er wurde jedoch bald nach Prag abgeschoben. Stationen seines Exils: von 1933 bis 1939 Paris, 1937/38 in Spanien, nach Kriegsbeginn USA, seit Ende 1940 Mexiko. Im Frühjahr 1946 kehrte Kisch nach Prag zurück, wo er 1948 starb.

Hauptwerke: Der rasende Reporter; Zaren, Popen, Bolschewiken; Paradies Amerika; Prager Pitaval; Marktplatz der Sensationen; Entdeckungen in Mexiko.

Schon früh, im Prag der Vorkriegszeit, während des Ersten Weltkrieges und im Nachkriegs-Wien hatte sich bei Kisch das Interesse für die Randzonen der Gesellschaft herausgebildet, jene Orte der Ausgestoßenen, der Prostituierten, der Zuhälter, Einbrecher und Mörder. Und nicht weniger wichtig waren ihm deren Gegenpole: die Polizei und die Justiz – Verbrechen und Strafe als Indiz für den Zustand einer Gesellschaft. Auch von seinen Reisen in die Niederlande, nach Rußland, Frankreich oder Algerien brachte er Reportagen über Kriminalfälle, Gerichte und Gefängnisse mit, die in diese Sammlung eingingen. Die Ironie seiner Berichte und die Skurrilität der Fälle sind die eine Seite, die Trostlosigkeit der geschilderten Zustände die andere.

Egon Erwin Kisch

Kriminalistisches Reisebuch

Aufbau Taschenbuch Verlag

Mit einem Nachwort von Dieter Schlenstedt

ISBN 3-7466-5052-6

1. Auflage 1994
Aufbau Taschenbuch Verlag Berlin
Alle Rechte Aufbau-Verlag GmbH, Berlin und Weimar
Reihengrundlayout Sabine Müller, FAB Verlag, Berlin
Umschlaggestaltung Bert Hülpüsch
unter Verwendung eines Fotos von Klaus Haupt
Satz LVD GmbH, Berlin
Druck Elsnerdruck, Berlin
Printed in Germany

Inhalt

Österreichische Polizei in Serbien (1917)

Der nachstehende Bericht über den ersten
Versuch einer Polizeiausstellung konnte nur
infolge einiger Wendungen, die hier nicht
einfach weggelassen, sondern in Klammer
gesetzt werden, die Kriegszensur passieren.

Im Serbischen Pavillon der Wiener Kriegsausstellung stellt
die K. u. k. Militärpolizei Belgrad ihr Licht nicht unter den
Scheffel, sondern aus. Das war noch nicht da, selbst in Wien
nicht, wo die Polizei (eine Zeit lang) nur arbeitet(e), um von
sich reden zu machen, um gute Presse zu haben, und nicht
begriff, daß die beste Polizei die ist, von der man am wenig-
sten spricht; wehe der Stadt oder dem Lande, deren Polizei
nach täglicher Kritik giert, schlimm stünde es (hatte sie sonst
nichts aufzuweisen) mit der K. u. k. Militärpolizei Belgrad,
die ihre Rezensionsexemplare vor der Drucklegung, d. h.
schon vor dem Friedensschluß in den Erscheinungsort der
hauptstädtischen Tageszeitungen schickt. Ein Kriminalmu-
seum als öffentlich zu erklären, ist – auch wenn die Verbre-
chermethoden, wie hier die serbischen, keinen modernen
Anschauungsunterricht geben, – etwas zweischneidiges: der
Besucher, der nicht gewillt ist, seine Sympathien der Polizei
abzuliefern, wird sie ihren Gegnern widmen. Und mancher
sieht manches, was an den Wänden und in den Vitrinen
nicht zur Schau steht, und diese fehlenden Objekte ziehen
seine ganze Aufmerksamkeit an sich.

Das Besondere an der österreichisch-ungarischen Militärpolizei Belgrad ist, daß sie keineswegs an Hand klinischen
Verbrechermaterials allmächtig geworden ist, daß ihre Entwicklung und Vervollkommnung nicht mit der Entwicklung und Vervollkommnung ihrer Klientel gleichen Schritt
halten durfte, daß ihr der wichtigste Behelf aller Polizeien,
das „polizeibekannte Individuum" fehlte, und daß sie ihre

7

Arbeit ohne erbeingesessene Spitzel leisten mußte, oder wenigstens nicht wußte, welcher Grad von Vertrauenswürdigkeit dem erbeingesessenen Spitzel beizumessen sei.

Plakate kündigen den Einzug wandernder Unternehmungen an. Wir sehen diese Anschläge in einem gebundenen Buche vereinigt, – so groß gedruckte Bücher gibt es nicht viele; es sind dreisprachige Kundmachungen, sie fordern zu Ruhe und Ordnung auf und drohen den Tod an, sie verbieten das Waffentragen und drohen den Tod an, sie warnen vor politischer Betätigung und drohen den Tod an, sie raten von Vorschubleistung bei der Flucht von Kriegsgefangenen ab und drohen den Tod an. Nach und nach werden die Plakate ruhiger, ihre Natur wird administrativ, und zu den Bemerkungen über Nichtbefolgung läutet nicht mehr die Armesünderglocke; das allfällige memento mori versteckt sich in den beiden verschmolzenen Fragezeichen des Paragraphen so-und-soviel.

Bereits vor der Ankunft der K. u. k. Polizeiverwaltung Belgrad war ein ständiges Unternehmen der gleichen Branche in der Stadt etabliert, seine Firmentafel ist zu sehen: „Kraljska srbska glavna Polizija", und von seinem fundus instructus ist vieles übernommen worden, denn die Falschmünzerwerkzeuge sind auf Prägung von Silberdinaren eingestellt und durchaus nicht auf das heute im Umlauf befindliche Geld, – österreichisch-ungarische Papierkronen.

Der politische Hauptzweck jeder Polizei braucht auf der Kriegsausstellung nicht verschleiert zu werden, und der Laie darf sehen, was als Hochverrat gilt. Vor allem sind natürlich die Begriffe „Großserbische Propaganda" und „Vorbereitung zu Insurrektionen in Österreich-Ungarn" identifiziert, und der nationalistische Verband „Narodna odbrana" als der Arrangeur von Thronfolger-Attentat und Weltkrieg. Damit ist freilich auch die Mitwirkung des serbischen Generalstabs inkludiert, denn in dessen Druckerei wurde ein Teil des Agitationsmaterials lithographiert. Die Sammelbüchse aus dem Vereinslokal der „Narodna odbrana" in der Resavskagasse ist ausgestellt, (–) als Corpus delicti, und ein Exemplar der in Syrmien verbreiteten Trink-fläschchen, der sogenannten „Cutoras" mit Groß-serbischer Aufschrift. Auf der Herme des Kronprinzen Alexander, die aus der Freimaurerloge „Probratrim" hierhergebracht wurde, steht seine Devise: „Wer leben will, soll sterben, wer sterben will, soll leben."

Von Major Voja Tankosic, der beschuldigt wurde, den Sarajevoer Attentätern Prinzip und Gabrilovic das Bombenwerfen beigebracht zu haben, hängt ein Säbel da. Major Tankosic ist tot. Hätte ihn Serbien vor drei Jahren ausgeliefert, vielleicht lebte er noch, und viele andere auch, und es wäre keine Kriegsausstellung in Wien, in der sein Säbel hängt, der allerdings kein (überzeugendes) Beweisstück dafür ist, daß das folgenschwerste Verbrechen aller Zeiten auf Grund seiner Instruktionen verübt worden ist.

Eine Flugschrift, von den Anhängern der Obrenovic nach dem Mord an König Alexander (1903) verbreitet, liegt auf dem Tisch. Es ist ein politisches Testament und Fürst Alexander Karageorgevic, der die Palastrevolution gegen den regierenden Fürsten Michael Obrenovic und dessen Ermordung im Cosutujaker Wildpark angezettelt hat, soll es an seinen Sohn, den gegenwärtigen König Peter gerichtet haben: „Viel Geld opferte ich, um mit dem Sträfling Nenadanovic und mit meinem Diener die Verschwörung zu organisieren." Und er gibt dem Sohn väterliche Ratschläge: „Mit Verschwörungen und mit Mord kann man alles erreichen." Sein Sohn hat wirklich alles so erreicht, der Enkel des einst Ermordeten wurde ermordet, Prinz Peter wurde König von Serbien und wäre, wenn das Attentat auf den österreichischen Thronfolger und die russische Intervention zum Verfall Österreichs geführt hätten, auch Herrscher über das Groß-serbische Reich mit Kroatien und Slavonien geworden. Daß es anders kam und er fern von Belgrad, als befreundeter Souverän in Paris leben muß, widerlegt noch lange nicht die macchiavellistische Weisheit des väterlichen Testaments, mit Verschwörung und mit Mord sei alles zu erreichen.

Eine Mappe aus Holz, Leder und Kupferbeschlag, in Buchform ausgestattet, hat die Größe von anderthalb Metern im Geviert, sie enthält die Lebensgeschichte des K. u. k. Militärkommandos Belgrad und die Tätigkeitsgebiete seiner Departements, Meldewesen, Fischereiwesen, Polizeihundestation, Vorschriften für Kündigungen, Lizitationen, Handel und Gewerbe, Organisation der Feuerwehr, Abdeckerei, und Redaktion des „Belgrader Tagblatt", Maßnahmen gegen Bettelwesen, Strafvollzug und Schub, polizeiärztlichen Dienst und vor allem Sittenkontrolle, – Photographien von Prostituierten, von solchen, die bodenständig sind, und solchen, die der Etappe folgen, – sicherlich fehlen die vielen, die unter der Obhut ritterlicher Beschützer sozusagen exterritorial wirken.

Und dann, merkwürdig, merkwürdig, Beweise einer Räuberromantik, die also existiert; in deutschen Landen hat es derlei im siebzehnten, achtzehnten Jahrhundert gegeben, wir wußten immer, daß es das auf dem Balkan noch heutzutage gibt, aber hier müssen wir es auch glauben. Rinaldo Rinaldinis Räuberhöhle ist photographiert, Fra Diavolos Dolche und die Pistolen von Lips Tullian drapieren die Wand, und auf plastischem Tisch, voll von Hügeln, Tälern, Terraineinschnitten, Hütten, Gärten und Wäldern kann jedermann den Streifzug verfolgen, den Karl May mit seinen Getreuen in den Schluchten des Balkans zur Aushebung des Schut unternahm, statt des Wortes „Räuber" steht „Komitatschi" auf den Objekten, und zwar zum Zwecke der Begriffsverwirrung. Bald werden die Komitatschi, Mitglieder des Komitees zur Landesverteidigung, als Freischärler angesehen, demnach als Patrioten, bald als Meuchelmörder, in den serbischen Armeebefehlen waren sie bezeichnet als Exekutivgewalt der Militärbehörden, als Hüter der Marschordnung, hier auf der Ausstellung präsentiert man gemeine Verbrecher mit den Namen Komitatschi. Sie haben keine Uniform, kein Abzeichen und keine einheitliche Organisation, – wenigstens ist nicht einmal eine Sammelbüchse oder eine Drucksorte jenes Komitees, nach dem sie Komitas heißen, auf der Polizeiausstellung, ihr gemeinsames Merkmal scheint Hemmungslosigkeit zu sein, wilde Hingabe und eine Genügsamkeit, die ihresgleichen unter Menschen nicht hat, und eine triebhafte Ausnützung romantischer Schluchten und Höhlen. Die serbische Armee war längst nach Albanien abgedrängt, aber die K. u. k. Feldgendarmen hatten noch einen Guerillakrieg auszukämpfen. Das Kosowo polje, das Amselfeld, war die Operationsbasis der Komitatschibanden. Dieses zerklüftete Gebirgsmassiv bot ihnen Schlupfwinkel, nach denen das Landjägerkorps tagelang fahnden und sie dann wochenlang belagern mußte, bevor man der Räuber habhaft werden konnte, – denn solche müssen es gewesen sein, wäre sonst ihr Tableau auf der Polizeiausstellung?

Vor den Photographien des Komitatschinestes im Ripanjer Tunnel soll man Respekt für die Ausfindung und Aushebung bekommen, aber man bekommt (auch) Respekt vor den Männern, die sich dort verschanzten. Zwei Meter breit, fünf Meter lang, und drei Meter hoch war die Lisavicaer Höhle, Waffen waren darin, Munition für jahrelange Kämpfe, Proviant und eine Bibliothek, eine gute Bibliothek mit serbischen und französischen Büchern und Goethes Faust in deutscher Sprache. – Ein Feldzug nach allen Regeln der Strategie war es, den die k. k. Streifkorpsabteilung 13/II gegen Mojmir-Kristian an der montenegrinischen Grenze zu führen hatte, wir haben das Panorama dieser beispiellosen Razzia an einem Terrainmodell vor uns, die k. k. Straifuni erhielten ihre Weisungen und nachher ihre Orden, aber die Widerständler hatten keine Verbindung mit dem Armeekorps Serbiens, ihnen winkten keine Orden und Avancements, und doch kämpften sie.

Historische Waffen dominieren auf der ganzen Kriegsausstellung, barocke und goldene, skulptierte und gegossene, kein Zeughaus jedoch und keine fürstliche Rüstkammer hatte so zweckhaft ursprüngliches Material herzuleihen wie das, das die Seitenwände des serbischen Pavillons tapeziert, Räuberwaffen, schießende Stöcke, verkürzte Mauserge-

11

wehre, kaschierte Stutzen, adaptierte Karabiner, selbstfabrizierte Flinten. unförmige Riesenrevolver, altertümliche Pistolen mit Perlmuttereinlage und mit Patronen voll gehacktem Blei. Auf weißen Kartonblättchen ist aufgeschrieben, wem diese Dinge gehörten, dem Raubmörder Ljuba Fedorovic oder dem Häuptling der Komitas Duschan Milosavljevic aus Groschnica. Oder dem Radovan Perovic aus Sabojnica, welcher der Schrecken des Slepaker Bezirks gewesen, erst Dezember 1916, nach mehr als einem Jahr der Okkupation, konnte man sich seiner bemächtigen, Groschnicaer Feldgendarmerie umzingelte sein Haus, noch gab sich Perovic nicht gefangen, er feuerte aus seinem Mannlicher gegen die Belagerer so lange, bis er selbst durchlöchert war.

Man schaut auf die Waffen, die echt sind, und auf die Modelle des Terrains, die wirklich wirken. Die Waffen sind auf der Ausstellung und die Schluchten sind ausgeräuchert und es leben darin keine Räuber und keine Komitatschis mehr. Aber was lebt denn noch auf diesem Gebiet? Ist doch auch das unromantische und ehrliche Element verwüstet und verschreckt und vertrieben. Die von der Polizei geschaffene Ruhe und Ordnung ist keine Ruhe und Ordnung, die man wünschen kann, und so leicht für eine Polizeiausstellung gute Kritiken zu haben sind, so starken Zulauf ihr der Sensationshunger verschafft, man sollte dennoch keine Polizeiausstellungen veranstalten, weil unter den Massen der Besucher auch nachdenkliche sein könnten, denen einfällt, daß (selbst) die (beste) Polizei nichts als die Symptome ausrottet, und daß ihre Erfolge teuer bezahlt sind.

Frauengefängnis

Über siebzig Frauen und Mädchen sitzen an Nähmaschinen, sie säumen Wäsche und rauchen Zigaretten, manche haben Bubikopf und manche graubraune Kopftücher, manche sind verrunzelt und schlaff, manche gepudert und ihrer Mundlinie ist mit dem Lippenstift nachgeholfen, manche tragen Broschen und Ohrringe, altrussische Filigranarbeit mit goldenen Fransen, und manche Männerkragen und gebundene Krawatten, manches Paar Füße steckt nackt in Filzpantoffeln und manches, fleischfarben bestrumpft, in Halbschuhen. Alle singen, einige verstummen beim Eintritt des Besuches, die Kesseren erheben desto lauter die Stimme, ein russisches Soldatenlied ist es, das Wort „Donkosak" zwar durch „Komsomol" ersetzt, doch wird nach dem Refrain im Marschtakt gehackt: „Eins – zwei – Haltet – Schritt".

An der Stirnseite des Saales ein Pult, an dem Linnen ausgegeben und die fertige Wäsche abgeliefert wird. Werkstättenleiterin und Lehrerin haben da ihren Platz. Auf einer Tafel steht die Zahl der Beschäftigten: an den Maschinen 58, Handarbeiterinnen 14 (die sitzen, alte Frauen, zu einem Kreis geschlossen, nahe der Tür) und Freiwillige Arbeiterinnen 16. „Freiwillige Arbeiterinnen?" Sind denn die anderen Sängerinnen und Raucherinnen unfreiwillig hier? Es ist schwer zu glauben, daß man in einer Strafanstalt ist, kein Sprechverbot, kein Zuchthauskleid, Rauchen erlaubt, keine uniformierten Aufseher ...

Und doch sind es arme Gefangene, Verlust der Freiheit erträgt sich schwer, ist Strafe, die keiner Verschärfung bedarf. – Ein Mädchen tritt auf den Vorsteher der Anstalt zu, der den Besucher in den Saal begleitet, es ist eben vom Begräbnis des Vaters zurückgekehrt, herb, zusammengebissen, erzählt es, daß daheim die Schusterwerkstätte zugrunde gehen muß, wenn es keine Begnadigung oder wenigstens Strafunterbrechung bekomme; nur wenig Hoffnung wird der Bittstellerin: sie ist rückfällig, zu zwei Jahren verurteilt, und erst vier Monate sind verbüßt – In die Arbeitskommune transferiert zu werden, bittet eine Frau mit quittengelbem Teint, sie verträgt die Stadtluft nicht, besonders im Winter werde sie krank davon; auch ihr ist schwer zu willfahren, sie gehört zur ersten Kategorie, ist wegen Kindesmißhandlung schuldig gesprochen; vom Lazarett will sie nichts wissen. „Gehen Sie zum Gefängnisarzt, Genossin", erhält sie als Bescheid, „er soll ein Gutachten auf Ihr Gesuch schreiben." – Eine Zwanzigjährige in rotem Kopftuch fragt an, ob zwei ihrer Freundinnen hier Beschäftigung finden könnten; vorläufig geht das nicht, es sind ohnedies zu viel freiwillige Arbeiterinnen im Haus, weil fünf erwachsene Kinder Lohn bekommen. (Einige Sträflinge haben ihre Kinder während der ganzen Strafzeit bei sich, die nähen im Saal oder treiben sich im Hof umher.)

Vor kaum neun Jahren ist der Arbeitssaal ein Refektorium gewesen, der ganze Häuserblock bildete das Kloster „Nowospaski Monastir", berühmt seit dem Mittelalter wegen seines Reichtums; Großfürst Iwan Kalita (Kalita bedeutet „Geldsack") hat es 1330 gegründet, die Zaren pflegten ihre Hauspriester von hier zu holen, einige Romanows, wie die Kaiserin Marfa, ließen sich hier begraben. Nicht weniger als neun große Kirchen, darunter eine Kathedrale, gehörten zum heiligen Konvent, doch die steilen Wälle und die krenellierte Mauer mit den massiven Ecktürmen, die seit den unruhvollen Zeiten des falschen Demetrius den Komplex umringen, deuten kaum darauf hin, daß man allzusehr auf Gott vertraute. Durch diese Schießscharten wurde 1812 auf die französischen Soldaten gefeuert, und unter den marmornen Grabmälern der Mönche im Klostergarten ist das des Diakons Gabriel, den Napoleon füsilieren ließ. Eine der Kirchen ist in ein Theater mit vierhundert Sitzplätzen umgebaut worden; die Sträflinge führen hier Dramen auf und gehen einmal in der Woche zur Filmvorstellung; sonst ist das Kino von der Straßenseite her für das Publikum geöffnet, – eine Nebeneinnahme der Strafanstalt, und nicht die einzige: das im Hause gebackene Brot wird zum Verkauf gebracht. In ihrer freien Zeit sitzen die gefangenen Frauen im Klub, am Schalltrichter des alten Grammophons und am Lautsprecher des neuen Radios, sie spielen Dame, können Zeitungen lesen, Briefe schreiben und sich bis zehn Uhr abends unterhalten. Die Arbeitszeit beträgt, wie in jedem Fabrikbetrieb, acht Stunden im Tag, die Häftlinge erhalten durchschnittlich zwanzig Rubel Wochenlohn, wovon fünfundzwanzig Prozent für Verpflegung abgehen. Zum Frühstück wird Tee und Brei, mittags Suppe, Fleisch und „Kascha" und abends wieder Tee verabreicht, die Tagesration Brot wiegt anderthalb Pfund. Zucker kann man vom Arbeitslohn kaufen, von dem überhaupt zwei Drittel nach Belieben (außer für Alkohol) verwendet werden dürfen; das restliche Drittel erhält man bei der Entlassung ausbezahlt. Im strengsten Stadium der Haft ist dem Sträfling nur alle vierzehn Tage der Empfang eines Besuches erlaubt, im mittleren Stadium einmal wöchentlich, im leichtesten, das bereits eine Vorstufe der Entlassung darstellt, darf die Gefangene am Sonnabend um zwei Uhr nach Hause gehen und muß sich erst Montag morgens zur Arbeit in der Anstalt einfinden. Briefe können beliebig oft empfangen und abgesendet werden; doch wird die Post von der Zensur gelesen. Häftlinge der mittleren und leichteren Kategorie haben den gleichen Anspruch auf Urlaub, wie Fabrikarbeiter; in den acht Jahren, die die Anstalt besteht, ist es nicht ein einziges Mal vorgekommen, daß eine Gefangene nicht zurückgekehrt wäre, nur in zwei oder drei Fällen rückten Beurlaubte verspätet ein. (Nach Angabe von Schirwint, dem Leiter des gesamten Gefängniswesens, sind im vorigen Jahr 10 120 Häftlinge in Rußland zu dreimonatiger Erntearbeit beurlaubt worden, von denen bloß siebzig teils überhaupt nicht, teils nicht rechtzeitig zurückgekommen sind.)

Jede inhaftierte Frau muß lesen und schreiben lernen, (die Fortgeschritteneren erhalten Unterricht in allen Fächern) und wird im Wäsche- und Kleidernähen unterwiesen. Erst nach erworbener Kenntnis werden solche, die kein Interesse für diese Arbeiten zeigen, zur Tätigkeit in der Küche und anderen häuslichen Verrichtungen oder zum Ausbessern der Wäsche, zum Knöpfeannähen, oder dergl. verwendet.

Die Maximalstrafzeit beträgt im Besserungs-Arbeitshaus fünf Jahre, Frauen, die zu einer längeren Strafe (zehn Jahre ist das Höchstausmaß nach dem Strafgesetz) verurteilt sind, kommen in den sogenannten Isolator. Das Volksgericht fügt seinem Urteil bei Gewohnheitsverbrecherinnen oder renitenten Individuen die Entscheidung bei, daß sie in der ersten Kategorie zu halten sind; in diesem strengen Gewahrsam verbleiben sie, bis die Hälfte der Strafe abgebüßt ist. Kategorie Zwei bilden die Rückfälligen bis zum vollendeten Viertel der Strafzeit. Der dritten und leichtesten Gruppe gehören die Zufallsverbrecherinnen und die vollkommen Besserungsfähigen an, ihnen rechnet man je zwei verbüßte Tage als drei, sie können bedingt entlassen oder im Falle der „sozialen Heilung" zur Gänze begnadigt werden. Über die Versetzung aus einer Kategorie in die andere, über außertourliche Urlaube und Entlassungen berät die Aufsichtskommission, die jeden Sonnabend in der Anstalt zusammentritt, bestehend aus dem Vorsteher des Hauses, der Vertreterin der Gewerkschaftskommission und einer Volksrichterin des Bezirkes, in dem sich das Gefängnis befindet. Die Kommission kann dringende oder provisorische Maßnahmen in eigener Machtbefugnis veranlassen, in wichtigeren Angelegenheiten erstattet sie der Verteilungsinspektion für das Gouvernement oder dem Justizministerium Vorschläge, die in praxi immer angenommen werden.

Hundertfünfundneunzig Frauen, im Alter von sechzehn bis sechzig Jahren, sind gegenwärtig im II. Moskowski Schenski Ispravtruddom untergebracht, für vierhundert und für ein Personal von 68 Leuten ist Raum in den vielen Gebäuden innerhalb der so unklösterlich drohenden Bastionen. Doch in den Zimmern, in denen einst die Mönche des reichen Klosters lebten, rücken die Frauen ihre Betten möglichst eng zusammen, sie wollen, zumeist alte Frauen, nicht

16

allein sein im Jammer ihrer Haft, an dem selbst die kühnste Humanität nichts ändert; sie stopfen ihre Strümpfe und streicheln ihre Katzen und erzählen einander von den Jahren ihrer Schönheit. Ein Großteil ist wegen Diebstahls hier, Kindesmörderinnen, die in kaiserlicher Zeit mehr als zwanzig Prozent der weiblichen Sträflinge Rußlands ausmachten, gab es im ersten Jahr nach der Revolution noch zwei Prozent, da die Auffassung von der Gleichstellung der ehelichen mit der unehelichen Mutter und die Kenntnis von der staatlichen Säuglingsfürsorge nicht in alle Schichten gedrungen war, jetzt sind keine Kindesmörderinnen mehr in der Anstalt; auch keine „unbefugte Geburtshelferin" (früher vier bis sechs Prozent), weil Schwangerschaftsunterbrechungen auf den Kliniken durchgeführt werden. Betrugsfälle kommen häufiger vor, und eine einstige Schauspielerin, die stolz von ihren Gastspielen in Paris, Berlin und Wien erzählt und „L'Illustration" abonniert, ist wegen Kuppelei zu zwei Jahren verurteilt. Wie Stuben eines Pfründnerinnenasyls sehen die Kammern aus, armselig und alt sind die Feldbetten, die Strohmatten kaum eine Spanne hoch, dünn die Kissen und aus grauem, grobem Leinen der Bettüberzug. Rußland hat wenig Material und wenig Geld, und Übelwollende können leicht behaupten, daß die Generosität der Urlaube, die Strafverkürzungen und Begnadigungen, manche Freiheiten, die man den der Unfreiheit Verfallenen gewährt und die Begründung dieser Erleichterungen, der ideologische Überbau für die Notwendigkeit sind, Ersparnissse zu machen und Arbeitskräfte zu gewinnen. Selbst wenn man eine solche Möglichkeit zugeben wollte, dürfte damit nicht gesagt sein, daß solche, angeblich der Not entsprungenen Maßnahmen nicht auch dem Westen wohl anstünden, der in seinen Kerkern barbarischere Methoden hat. Keine Milderung kann groß genug sein, – das Gefängnis bleibt immer der Ort des Schreckens und der Qual.

Vor dem Kadi und vor dem Strafsenat in Algier

Den Kadi, mit dessen weisem Spruch die Märchen aus tausend und einer Nacht enden, den gibts im Orient immer noch.

Viele Stufen muß man vom Gouvernementsplatz hinabsteigen, um zum Eingang der Djama-Djedid, der größten Moschee Algeriens zu kommen. Aber der Bau ist so hoch, daß die weiße Wölbung mit dem goldenen Halbmond wieder hinaufragt in das europäische Häuserkarree, und, eine zinnenumrahmte Halbkugel, mitten darin liegt zwischen Handelskammer, Rathaus, Börse und Bronzemonument, fremd, alt, groß und geheimnisvoll.

Vom Platz aus führt ein schmaler Seiteneingang direkt in die Höhe der Kuppel, man tritt in einen kahlen Vorraum, gegenüber der Türe ist ein ebenso kahles Kämmerlein, links geht's zur Mahakma, der Gerichtsstube, wo der Kadi amtiert, seit dreihundert Jahren in demselben Raum, seit tausend Jahren auf dieselbe Art.

Ließe sich denken, ein Kadi sei jung? Nun, unserer ist alt, unter seinem weißen Bart schlingt sich der weiße Licham, als gälte es jeden Augenblick, ihn vor den Mund zu legen, um sich vor dem Samum zu schützen, des Kadis Stirn verschnürt ein golddurchwirktes Turbantuch, und die goldene Brille gibt ihm, der Achtung von amtswegen genießt, überdies das Ansehen tiefer Buchgelahrtheit. Er sitzt in breitem Sessel auf einem Podium, die braune Täfelung der Wand liefert ihm den Hintergrund, – zu der Kalifen Zeiten mag der Richterstuhl ein Thron gewesen und die Drapierung der Wand von einem Teppich gebildet worden sein, damals fehlten wohl auch die Aktenschränke und die Barriere, die den Gerichtshof vom Volk der männlichen Kläger, männlichen Beklagten und männlichen Zeugen trennt; die weiblichen sind dahinter in den kahlen Raum gepfercht, und nur durch

Gitterfenster dürfen sie, die tief Verschleierten, den Gang der Verhandlungen verfolgen und nur durch die Gitterstäbe erheben sie Klage, sprechen sie Worte der Verteidigung oder erstatten Zeugenaussage.

Nicht minder ehrwürdig als der Kadi: die beiden beturbanten Hilfsrichter zu seinen Füßen. In beinahe demutsvollem Ton bringen sie ihre Einwände vor, der Mufti rechts die belastenden, der Mufti links die entlastenden. Neben ihnen sitzt je ein Schreiber; auf dem Kopf die rote Scheschia, die afrikanische Ausgabe des Fez, besorgen sie Namensaufruf, Vorlegung der Aktenstücke und Protokollierung der Ur-

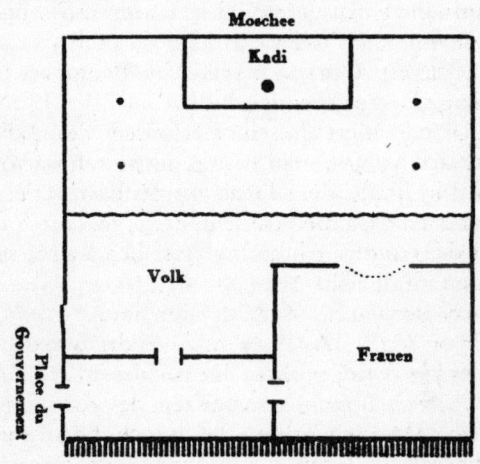

teilssprüche. Nicht lange dauern die Prozesse, kaum eine Viertelstunde jeder. Es sind die kleinen Zivilstreitigkeiten der arabischen Händler aus dem Basar und dem Hafen, der Zank der Mieter aus den Häuschen des Kasbah-Viertels und Konflikte religiöser Art. Die meisten Vorgeladenen sind nicht erschienen, man leistet gewöhnlich erst der zweiten oder dritten Ladung Folge, die aber, die gekommen sind, verhalten sich respektvoll. Eine Handbewegung des Kadi und der erregteste Beklagte unterbricht seinen langatmig angelegten Sermon. Und doch ist dieser Streit um ein paar Franken, diese Feindschaft um Weiberklatsch nur objektiv geringfügig, für die armen Eingeborenen sind sie wichtig, sonst kämen sie nicht zum Kadi gelaufen.

Schlimmer ist es, wenn sich die Beherrscher des Landes mit einem Delikt befassen, sie, die freigebig sind mit Todesurteilen und Verbannungen und Kerkerstrafen gegen den verachteten „indigène", sie, vor denen man sich nicht verteidigen kann, weil sie die Sprache und die Sitten nicht verstehen, sie, die die Macht haben, den Mohammedaner in seinem eigenen Lande zur Dienstpflicht gegen das eigene Land zu zwingen, ihn einzusperren oder zu töten, obwohl sie ungläubige Hunde sind. Weh dem, der der Cour correctionelle in die Hände fällt! Wer seiner Pflicht als Bluträcher Genüge getan, wer den Pferdedieb erschossen oder den Ehebrecher erstochen hat, wie es die Ehre erfordert, tut am besten daran, zu verschwinden; die Stammesgenossen verraten keinen, und die Urteile, die erlassen werden, erfährt der Täter nicht. Tapeziert sind die Wände des Justizpalastes mit offiziellen Anschlägen von gleicher Art: „Lamu Mohammed ben Ali, genannt Felkani, 42 Jahre alt, geboren 1884 in Beni Felkaï im Regierungsbezirk Sétif, Sohn des Ali ben Mohammed und der X ..." (Der Name von Gattin oder Mutter ist seltsamerweise den Gerichten niemals bekannt.) „Taglöhner, wohnhaft in Duar Mentano, Kreis Péregotville, Witwer ohne Kinder, des Lesens und Schreibens unkundig, von der Justiz nicht ergriffen, wird hiermit in contumaciam schuldig gesprochen, am 13. Oktober 1925 in Maison Carré, Regierungsbezirk Alger, vorbedacht den Teggali Haon ben Mohammed aus dem Duar Mentano getötet zu haben, und nach dem Code Pénal, Artikel 295 und 304 des § 3 zu lebenslänglicher Zwangsarbeit verurteilt.

Die französischen Gendarmen werden keinen dieser verurteilten Lamu Mohammed finden, wohl aber findet jeden der Dolch des Vaters oder des Sohnes von jedem ermordeten Teggali Haon ben Mohammed.

Das mag kulturlos und unheimlich sein, schwerlich jedoch kulturloser und unheimlicher als die Verhandlungen gegen Einheimische vor dem französischen Richter. Ein Mann aus der Großkabylie muß – oh Schande, ohne Turban über dem in verkümmerten winzigen Löckchen geringelten Schwarzhaar – vor Gericht stehen, zwei Gendarmen flankieren ihn, unten sitzt der Privatbeschädigte und ein Zeuge, gleichfalls ohne Turban über dem Karakülfell des Scheitels, und alle Stehplätze sind mit den von weither gekommenen Dorfbewohnern gefüllt. Niemand wagt es, einen der leerstehenden Stühle zu benützen, niemand versteht die Richter, die thronen im Talar, mit weißen Bäffchen, zwei mit Monokel, einer mit Kneifer, niemand versteht die gelangweilte Rede des Staatsanwalts und die kurze Replik des Ex-officio-Verteidigers, der Angeklagte schaut apathisch drein, der junge Bursch auf der Privatklägerbank starrt alle Redner an, als müsse Allah ihm plötzlich die Eingebung der französischen Sprache schenken, traurig und anteilnehmend sind die Landsleute über die Brüstung des Stehparterres gebeugt. Ob der Kläger mit der Gattin des Beklagten wirklich nur geredet habe, als dieser den Schuß abfeuerte. Diese Frage wiederholt der Dolmetsch resigniert, und erhält keine Antwort, so entlastend sie wäre, – die Muselmannen, die keine Frau in die Gerichtsstube lassen, würden niemals die Ehre einer Frau bloßstellen, am allerwenigsten vor den Giaurs. Von meuchlerischer Mordabsicht deklamiert der Staatsanwalt, habe sich doch der Angeklagte geäußert, er werde den Burschen sehr bald – „der hohe Gerichtshof wird entschuldigen, daß ich hier ein derart brutales Wort in den Mund nehmen muß" – *verdoppeln*. Nun spricht der Anwalt, er glaubt, es sei mehr als eine Plauderei gewesen, was den Schuß des eifersüchtigen Gatten veranlaßte, und gibt (anscheinend ist er Kommunist oder Anarchist) den Europäern die Schuld an dieser und jeder anderen Schießerei, denn sie waren es, die den Eingeborenen die Gewehre brachten. Der Gerichtshof verliest das Urteil, der Dolmetsch übersetzt es, der Angeklagte duckt sich und wird abgeführt, die Kabylen aus seinem Dorf schleichen aus dem Saal, die Verhandlung hat kaum eine halbe Stunde gedauert, und ein Sohn der freien Berge muß auf drei Jahre ins Gefängnis, weil er getan, was ihm die Gesetze seines Volkes vorschreiben und was den Gesetzen der Machthaber widerspricht.

Das Humanistengrab im Arrest

Eine sehr interessante Kriegsbestimmung hat Naarden, die Festung. Rings um Amsterdam sind von der Zuidersee bis zur Nordsee zwei Gebiete bestimmt, aus denen im Augenblick, da der Feind käme, die Bevölkerung evakuiert, die Deiche durchstochen und alles Land unter Wasser gesetzt würde, einen Fuß hoch. Aus diesem einst dem Wasser entrissenen und in diesem Falle aus Gründen der Strategie wieder dem Wasser preisgegebenen Lande soll die Zitadelle Naarden emporragen, dem Feind ein „Halt" zurufen, wenn er die Flächen trockenlegen und mit seiner Armee einen Marsch durch die Marschen versuchen wollte. Was Verdun für Paris, ist Naarden für Amsterdam. In der letzten Zeit haben jedoch Geologen ausgerechnet, daß der Boden der Niederlande sich im Laufe der Jahrzehnte gesenkt habe, im Falle eines Dammdurchbruches das Wasser der Inundationsgebiete daher mindestens achtzig Zentimeter hoch stünde, und der Feind auf Schiffen einfahren könnte. Dies wird praktisch nicht zu beweisen sein und die strategische Linie bleibt im Kalkül, aber Naarden wird geschleift, da der letzte Krieg auch das neutrale Holland gelehrt hat, daß Bombengeschwader die Herrlichkeit von Wällen und Zinnen im Nu vernichten.

Mit einem Freund, der seine Kindheit in Naarden verbracht hat und alle Bastionen und Traversen, alle Schieß-Scharten und Luken besser kennt als je ein Artillerist sie kennen kann, (weil ein Artillerist nicht jahrelang darin als Feind und Freund, Belagerer und Belagerter, Soldaten und überdies noch Indianer gespielt hat), gehe ich über die Brücke und über die Wasser des Festungsgrabens, der sich in nichts von den tausend Weihern und Grachten Hollands unterschiede, wären nicht an seinem scharfkantigen Ufer die Öffnungen, die den tief in den Erdboden eingebauten Kanonen und Unterständen als Auspuff dienen. Durch das schwarze Wasser zogen Schiffe mit Munition, ihre Löschung und Einlagerung war das Erlebnis der Knaben von Naarden; wirkliches Pulver und wirkliche Granaten und wirkliche Patronen! „Wir haben das Zeug seither zur Genüge kennengelernt," sagt mein Freund und meint damit, daß die Jugend von damals wehrpflichtig geworden und mit dem „Zeug" umgehen gelernt hat. Dieses „zur Genüge" war der Jugend außerhalb Hollands noch lange nicht zur Genüge, in uns weckt der Begriff an Artillerie-Munition viel üblere Erinnerungen. Doch kam ich nicht hierher, in den stillen Weiher zu gucken, auf die über seinen Spiegel geklatschten Wasserrosen, und dabei an imperialistischen Krieg zu denken; ich kam, den Philosophen Johann Amos Comenius besuchen, der der Gründer der Pädagogik, ein Internationalist und Exulant und mein Landsmann war.

Er ist da drinnen in der Stadt begraben, die der Harnisch aus Mauerwerk umzwängt, ohne daß sie dadurch etwas von dem friedlichen Charakter niederländischer Kleinstädte verliert, die nichts verbergen, weder die Struktur der Backsteine, noch das Leben hinter den Fenstern des Vorbaus, aber aus dieser Offenheit auch das Recht auf Neugierde vindizieren, wovon die schrägen, neben jeder Scheibe in die Straße ragenden Spiegelchen Zeugnis ablegen.

Das Kaffeehaus heißt „Het Gooische Koffiehuis", ein Zigarrenladen und ein Hotel nennen sich stolz „Het Gooiland", denn Naarden ist nicht nur der militärische Vorposten der Reichshauptstadt, sondern selbst eine Hauptstadt, die des alten Waldgebiet Gooi.

Ruhig schreiten die Bürger aus. Sie haben den Kopf voll von Tulpen, Käse und Kühen, die Geschäfte gehen gut, die inneren Probleme scheinen nicht groß, und ich staune, wenn ein Hüne mit glattrasiertem Schädel und Gesicht, hutlos durch die Straßen stürmt, und den Gruß meines Begleiters herzlich aber eilig erwidert. Das ist Hermann Gorter, der größte Dichter, den Holland je besessen, er hat dem Lärm der großen Städte entsagt und der Literatur, er will nichts von all dem wissen, und lebt von Nachhilfestunden in Latein und Griechisch, im stillsten Teil des Gooiland.

Weit zurück reicht die kriegerische Vergangenheit von Stadt und Festung Naarden. So oft wurde gebrandschatzt, daß aus Egmonts Tagen nur noch drei Bauten blieben, das Rathaus, die Schmiede und das Spanische Haus. In dessen Fassade ist eine bunte Relieftafel eingelassen, (Skulpturen haben bunt zu sein, wir müssen das wieder lernen!) spanische Hellebardiere zeigend, die eine Versammlung massakrieren. Der Dies nefastus von Naarden war der 1. Dezember 1572: in der Lazarettkirche hatten sich die fünfhundert vornehmsten Bürger zusammengefunden, um über die Friedensbedingungen zu beraten, als plötzlich ein Priester unter die Versammelten trat und sie aufforderte, sich auf den Tod vorzubereiten. Gleich darauf brach die Soldateska ein, Musketenschüsse, Degenstöße und Hellebardenstiche machten Naarden um fünfhundert Bürger ärmer. Das ist historisch beglaubigt, aber daß der Kommandant der Spanier, Don Julian Romero die Einladungen zur Beratung selbst hatte ergehen lassen und dem Rektor der Lateinschule Hortenius vorher sein Ehrenwort gegeben und durch Handschlag feierlich bekräftigt habe, keinem Bewohner der Stadt ein Haar zu krümmen, gehört wohl schon ins Gebiet der nationalen Legendenbildung zur Verleumdung des Feindes.

Als ob es nicht ohnedies schlimm genug gewesen wäre, die Stadt wurde niedergebrannt, und von der Lazarettkirche, in der sich der Massenmord ereignet hatte, blieb nur das Mauerwerk und wurde bald darauf mit dem bunten Reliefbild geschmückt. Jetzt ist ein Comenius-Museum darin untergebracht, aber das Gebäude hat mit Comenius nichts zu tun, – der hätte sich kaum entschlossen in dem Hause zu wohnen, dessen Schicksal an das seines eigenen Hauses in Fulnek erinnerte, das gleichfalls von spanischen Arkebusieren eingeäschert worden war. Man muß also darauf verzichten, die bewußte Weihe der Örtlichkeit zu empfinden; höchstens Reste von eingebauten Backtrögen, Backöfen und Kaminen sind aus vergangener Zeit hier zu entdecken, – Spuren der

Militärbäckerei, die vor den Comenius-Reliquien das Haus innehatte, unser Begleiter entsinnt sich noch genau. Das Museum ist recht bescheiden, es enthält nur Bücher, „Orbis sensualinum pictus", „Historia fratrum Bohemorum", „Pansophiae Diatyposis", „Pansophiae Prodromus", „Didactica opera omnia", einige Reproduktionen bekannter Comenius-Porträts, einen tschechoslowakischen Fünfkronenschein mit dem Kopf von Komensky-Comenius, Gipsabgüsse der Modelle für das Amsterdamer Denkmal, Bilder der beiden Beschützer Comenii, des Grafen Karl von Zierotin und des Mijnheer Lodewijk de Geer, die alte Landkarte Mährens, einen Glasschrank mit welken Kränzen, die von pädagogischen Gesellschaften und tschechischen Organisationen hier niedergelegt wurden, und eine Vitrine mit Visitkarten von Landsleuten.

Einziges Original ist das aus gehefteten Pergamentblättern bestehende Totenregister der Wallonischen Kirche, worin ein Rubrum die Eintragung enthält:

„No. 8. Johannés Amos Coménius, le fameux Autheur du Janua Linguarum

c'est ap̄aramment enterré le 22, novembre 1670."

Dunkler ist die Tinte, mit der zwei Männern, die sechzig, siebzig Jahre später starben, von dem Matrikenführer, offenbar absichtlich, die Ehre angetan wurde, sie in die gleiche Rubrik (kaum aber in dieselbe Gruft) mit dem großen Philosophen einzusetzen: dem Schriftsteller Brouwerus Van Niderth, gestorben 15. Juni 1742, und dem Mr. Louis Guerre, der, seinem Namen Rechnung tragend, Capitain des Invalides war und schließlich Kirchenältester der Wallonischen Gemeinde von Naarden, gestorben 1730. Diese beiden Einfügungen sub numero 8 stammen aus den angegebenen Sterbejahren und sind jünger als die Notiz über Comenius, aus dem siebzehnten Jahrhundert rührt jedoch auch diese nicht her. Übrigens spricht auch das Wort „ap̄aramment" dem Dokument den dokumentarischen Wert ab.

Auf dem Rangierungsplatz der Festung, zwischen dem pseudogotisch geschmückten Utrechter Tor und der Pioniers-Kaserne exerzieren Soldaten in Gruppen, ein Zug übt Öffnen in ein Glied, ein zweiter Schwenkungen, ein dritter macht Gewehranschläge, Ziel: die Spitze des Monuments. Das Monument ist dem Husdenkmal in Constanz ähnlich, ein Hügel, den eine dichte Lage Efeu überwächst, nur vorne und hinten je eine Tafel freilassend. Auf diesem Denkmal, 1892 aufgerichtet, weil Comenius zu Ehren Naardens in Naarden starb, ist in Marmor gemeißelt, daß Comenius am 17. November 1670 – in Amsterdam starb.

So steht ein Fehler auf dem Denkmal des Philosophen, das an sich fehlerhaft steht: auf einem Festungsplatz, wo Kanonen starren, und wo es den Gewehren lernender Soldaten als Zielscheibe dient. Die Deplaziertheit hat man wohl empfunden, und stellte ihm 1920 draußen im Park vor dem Wall ein zweites Monument, aber Büste und Backsteinunterbau sind konventionellster Kitsch.

Von der Wallonischen (Französischen) Kirche blieb noch ein Trakt, gerade der Altarteil, unter dem seine Gebeine beigesetzt sind. Die Kirche ist abgetötet, das hohe spitzbogige Fensterwerk vermauert und kleine quadratische Fenster ausgebrochen, am Fuß eines der Strebepfeiler lehnt ein Schilderhaus, und in weitem Karree schließt sich an die einstige Kirche ein Komplex von Militärbauten an, das ist die Weeshuiskaserne, in der das 7. Festungsartillerieregiment ubikiert ist; 1845 hat das Kriegsministerium das Eigentumsrecht an der Wallonischen Kirche erworben und diese als Magazin der Genietruppe verwendet, bis 1861 eine Schützenkompanie hier untergebracht wurde, was den Umbau der Kirche nötig machte; am 10. April 1861 war die Rekonstruktion der Kirche vollendet und mit Ausnahme einer im Jahre 1896 aufgeführten Wand findet sich im „Buch der Naardener Garnison" (Niederl. Archiv der Genietruppe) keine bauliche Veränderung verzeichnet, also auch keine Verlegung von Grüften. Wir wollen zum Grab des Comenius, und der Torposten holt, nachdem er uns davon abgeraten hat, da gar nichts zu sehen sei, den Wachkommandanten, der uns gleichfalls vor übertriebenen Erwartungen warnt, und aufschließt.

Aufschließt? Was schließt er auf? Er öffnet eine eisenbeschlagene Türe, über der mit Kalk gemalt ist: „No. 10 A." Und darunter: „Voor 3 Man." Das ist die *Zelle des verschärften Arrests*. Eine Tragbahre und zwei hölzerne Pritschen nebeneinander, der Wachkommandant lüftet den Fensterladen, – durch das Gitterfenster dringt die Sonne des Gooilands nur trübe herein – er hebt die Tragbahre und eine Pritsche, „da unten", er deutet auf die Steinfließen, auf denen jetzt *bloß der Abortkübel und drei Garnituren von Hand- und Fußfesseln* liegen, „da unten liegt Comenius begraben. An dieser Stelle war die Grabplatte, die jetzt in Prag im Museum ist."

Hier also dürfen wir die bewußte Weihe des Ortes empfinden, die wir vorher vermißten, hier, wo jetzt der Eimer steht, stand der Altar, das vergitterte Kerkerfenster war einst hohe, fromm bemalte Scheibe, durch die der Himmel kam, und unter den drei Ketten mit Schließen und Schlössern schläft der große Humanist den Schlaf der Ewigkeit.

Der Wachposten hatte Recht: es gibt wenig zu sehen, die Wände sind beschrieben, ein Arrestant hat mit dem Fingernagel ein Schiff in die Tünche gekritzelt, die anderen, denen ein Bleistift verblieben war, verewigten Namen und Datum auf der Mauer.

Wird dieses Arrestlokal viel benützt?

„Nein, fast überhaupt nicht mehr." Da der Wachkommandant bemerkt, daß ich ein Datum von voriger Woche an der Wand entziffere, fügt er hinzu: „Nur wenn die anderen Zellen besetzt sind."

Ich lasse mir den Gebrauch der Spangen erklären, mit Neugierde, mit gespielter, denn ich kenne dieses Instrument der Folter, ich war als K. u. k. Mannschaftsperson ohne Chargengrad im Manöver ... Der Wachkommandant zieht den Schlüssel hervor und zeigt die Konstruktion, eine Schelle legt er mir über den rechten Fußknöchel, die andere über den rechten Handknöchel, und die Kette macht die beiden Eisenklammern zu einem kommunizierenden Gefäß, ich sitze gekrümmt da, wie 1905 im Berauner Kaisermanöver.

„Aber das wird nicht mehr angewendet," sagt der junge Wachkommandant, obwohl ich, von einem Naardener Bürger eingeführt, keines Verrates verdächtig bin.

Wozu haben Sie dann die Schlüssel?

„Na ja, wenn doch jemand ganz renitent ist ... betrunken zum Beispiel."

Und die Tragbahre, die ist doch auch für Betrunkene?

„Für Kranke überhaupt."

Die Tragbahre für Kranke müßte doch im Marodenzimmer sein?

„Dort sind auch welche."

Warum werden die Gebeine des Comenius eigentlich nicht exhumiert?

„Ja, unter dem Altar der Wallonischen Kirche sind vier Menschen beerdigt. Man könnte schwerlich feststellen, welches die Gebeine von Comenius sind. Während man jetzt wenigstens die Stelle verehren kann, wo er begraben ist."

Ein würdiger Platz der Verehrung: über dem Grab des großen Humanisten des Internationalismus und der Pädagogik müssen verhaftete Soldaten sitzen, der eine, betrunken, ist an Arm und Bein festgekettet, der andere benützt den Kübel, der dritte kratzt seinen Namen in die einstige Kirchenwand.

Ein Bild, das Johann Amos Comenius niemals in seinen Orbis pictus aufgenommen hätte!

Rußlands schwerster Kerker:
Lefortowo

Kein Vergleich mit den andern Gefängnissen Moskaus: Lefortowo ist das strengste. Posten mit langen Bajonetten auf dem Gewehr patroullieren längs der Mauer, und wenn das Schloß sich rasselnd öffnet, um den Verwalter einzulassen, so meldet der Aufseher in dienstlicher Haltung Zahl und Beschäftigung der Gefangenen. Verbrecher gegen die Gemeinschaft und Mörder kommen nach Lefortowo, dreihundertneunzig sind jetzt da, Mindeststrafe fünf Jahre, Höchststrafe zehn. Die Arbeitsräume gleichen nicht Werkstätten von Kleingewerbetreibenden, sondern einer Fabrik, einer mächtigen. Fünfzehn Webstühle langten aus Reutlingen ein, auch Wickel- und Zettelmaschinen, Strickerei- und Appreturmaschinen. Trikotagenindustrie wird betrieben, alles elektrisch, Riemen sausen, Spulen drehen sich, Garne und Zwirne durchschneiden den Raum, achtundsechzigtausend Meter Tuch werden im Packraum zum Versand bereit gemacht, fünfhundert Damenjacken – das Monatsquantum, zweitausend Dutzend Kopftücher im Monat, eintausend Paar Handschuhe für Eisenarbeiter pro Tag und außerdem täglich sechzig Pullovers, schwarzweiße und grünrote nach einem neuen Muster aus Paris. Acht Stunden tägliche Arbeitszeit, vierzig Rubel Monatslohn.

Sprechen und singen kann man, so viel man Lust hat, sich die Arbeit aussuchen, täglich Briefe schreiben und täglich Briefe empfangen, alle vierzehn Tage auch Pakete; bei guter Führung gilt die halbe Strafzeit als ganze. Eingeschränkt jedoch sind die Urlaube.

Das Zellenhaus, noch in kaiserlicher Zeit erbaut, ist panoptisch: radial verlaufende Korridore mit eisernen Balustraden in drei Stockwerken. In der Mitte des Sterns fehlt der Aussichtsturm mit dem Diensthabenden an Signal- und Alarmapparaten, der in westlichen Zuchthäusern unvermeidlich ist. Bettstellen für zwei Mann in einer Zelle; die Kammern sind nicht uniformiert, der Inhaber darf sie ausstaffieren wie er will, einer hat das Bild von Frau und Kind im Rahmen über dem Bett, ein zweiter die gedruckte und kolorierte Ansichtskarte einer bloß mit Hemd und (langen) Höschen bekleideten Dame, die auf einem Dache sitzt, Erotik der neunziger Jahre, ein dritter selbstgemalte Gemälde an der Wand, jeder ist auf eine andere Zeitung abonniert. Der Eimer mit Wasserspülung steht in der Ecke, das Waschbecken hat fließendes Wasser. Beim Raseur kann man den Kopf waschen und den Bart stutzen lassen wie man mag, keine Haar- und keine Barttracht ist vorgeschrieben, ebensowenig eine Anstaltskleidung. Die Kantine ist eine ehemalige Zelle, ein kleines Magazin mit Wurstwaren, Butter, Schmalz, Tee, Zigaretten, Pfeifentabak und Weißbrot; säuberlich trägt der Krämer die Fünfkopekeneinkäufe in seine Bücher ein, und war doch noch vor Jahresfrist Leiter eines staatlichen Industrietrusts, und disponierte über Millionenbeträge. Ein anderer, – er ist eben in der Drechslerei dabei, eine von den sechzehn Balalaikas für das Anstaltsorchester zu fabrizieren, – hat sich als Inspektor einer staatlichen Kurortdirektion eine Unterschlagung zu schulden kommen lassen, wofür er mindestens fünf Jahre in Lefortowo zubringen muß. Der Werkmeister der Trikotagenabteilung hatte während seiner Freizeit die gleiche Funktion beim Textiltrust inne, von Nepleuten bestochen, von der G. P. U. entlarvt, wurde er zu sechs Jahren Isolator verurteilt. Ein junger Soldat arbeitet in Uniform (es gibt in Rußland keine Garnisons-Arreste), er wird der Montur entwachsen sein, wenn er herauskommt: zehn Jahre wegen Totschlages, begangen an dem, ihn beim Wilddiebstahl ertappenden Forstgehilfen. Ein Bauer aus der Tulaer Gegend hat im Jahre 1917 an einem Bauernaufstand zugunsten Denikins teilgenommen; wäre er damals erwischt und nicht gleich erschossen worden, sondern nur verurteilt, so müßte er längst frei sein, denn die vollgültige Hälfte einer 1917 verhängten Maximalstrafe lief schon 1922 ab. Er wurde jedoch erst vor zwei Jahren verhaftet, nachdem er sich von der antikommunistischen Revolte direkt in die Kampffront der Roten Armee geflüchtet und bei dieser jahrelang gedient hatte, bevor man erfuhr, was er auf dem Kerbholz habe.

Die Dunkelzellen ans der Zarenzeit, in die man die ungebärdigen Sträflinge warf, sind beseitigt, ihre Wände niedergerissen, Fenster hineingehackt, und der neue Raum als Marodenzimmer eingerichtet. Bei unserem Eintritt erhebt sich ein etwa sechzigjähriger Hüne von seinem Sitz am Kavalett, der schüttere Scheitel ist sorgfältig gekämmt, der weiße Knebelbart gepflegt, selbst im Krankenmantel läßt er den emeritierten General auf den ersten Blick erkennen: war Chef der Eisenbahn-Gendarmerie für das Kaiserreich Rußland und soll zur brutalen Behandlung vieler politischer Gefangenen Anlaß gegeben haben. Wohl mit Rücksicht auf sein hohes Alter verurteilte man ihn nur zu fünf Jahren schweren Kerkers. Aus dem gleichen Grunde wurde der greise Sozialist Okladski nach dem vorjährigen Sensationsprozeß nicht erschossen: er war einer der ältesten Parteigänger von Martow, Plechanow und Axelrod in Rußland gewesen und wurde nach dem Umsturz mit einem entsprechenden Vertrauensposten belohnt. Bei Sichtung der staatlichen Geheimarchive stellte sich aber heraus, daß der alte Revolutionär länger als ein Menschenalter der Ochrana Berichte geliefert und seine Parteigenossen den Steppen Sibiriens preisgegeben hatte. Nun steht der Alte mit der Brille an einer Fräsmaschine, wie er es in seiner Jugend bei „Siemens & Galske" in St. Petersburg gelernt hat, und ist der Tüchtigste aller dreihundertneunzig Gefangenen; er repariert die kompliziertesten Störungen der Maschinen. Gerne läßt er sich in ein Gespräch über die sozialistischen Anfänge in Rußland ein, wenn man ihn aber nach Lenin fragt, macht er eine ablehnende Handbewegung: den habe ich gar nicht persönlich gekannt, das war ein ganz junger Mann, der erst sehr spät zu uns kam ... Im Hofe schippt ein alter Mann Schnee, mit hoher Pelzmütze, langem Popenhaar und weißem, wallendem Bart. Das ist Sinizew, ein anderer Parteiführer, er verdankt

seine Haft in Lefortowo gleichfalls der Öffnung der Staats-
archive.

Ohne sich in seiner Arbeit stören zu lassen, erzählt im
Saal, wo Knöpfe überzogen werden, ein Bursche auf Befra-
gen, er habe bei einer Rauferei im Dorfe zwei seiner Nebenbuhler erstochen, einen in die Schläfe und einen in den
Bauch. Neben ihm ein Koreaner, der scheinbar als japani-
scher Sprachlehrer in Moskau, in Wirklichkeit aber als
Spion wirkte. Drei oder vier andere Japaner und Chinesen
sind wegen Schmuggels von Opium und dessen Verkauf an
Kinder in Haft. Der Koreaner ist nicht der einzige Spion, es
sind viele hier, aus allen Teilen des Erdballs. Wenn man mit
ihnen in ihrer Muttersprache spricht, und allerhand offene
Eingeständnisse erhält, die die Spione vor der Behörde
wohl nicht gemacht haben, greift man sich an den Kopf,
versteht nicht, was die entlegensten Staaten für ein Interesse
daran haben können, geheime Berichte über die russische
Wehrmacht zu erlangen. In seiner Zelle, derzeit arbeitsunfä-
hig, sitzt ein Arzt, Doktor Hora aus Laun in Böhmen, der
in der österreichischen Armee gedient hat, kriegsgefangen,
zuerst tschechoslowakischer Legionär, dann Regimentsarzt
bei der Roten Armee wurde und als solcher mit der tschechoslowakischen Handelsmission in Moskau belastenden
Verkehr unterhielt; acht Jahre schweren Kerkers. Sonder-
bare Dinge behaupten einige Häftlinge über das Material,
das sie der russischen Emigration nach Westeuropa geliefert
haben, hundert Rubel für je einen Brief. „Nur ein Narr
hätte es abgelehnt, dafür ein paar Seiten Unsinn zu berichten, den sich die Weißgardisten in Paris, Berlin und Prag
auch selbst ausdenken konnten." Einer erzählt sogar in seiner Muttersprache, die vom Gefängnisdirektor nicht ver-
standen werden kann, seine Frau friste in Lettland noch immer von dieser einträglichen Berichterstattung aus Moskau
ihr Dasein.

Im Klub, der ehemaligen Anstaltskirche, spielt ein Mann
Klavier, der zwei in der Provinz aufgeführte Opern und einige kleinere Symphonie-Kompositionen geschrieben hat;

er ist wegen Kinderschändung in Haft und vertont das Drama „Iwan, der Schreckliche" von Alexej Tolstoj.

Dem affichierten Stundenplan kann man entnehmen, daß von acht bis zehn Uhr vormittags Unterricht für Analphabeten, von zehn bis zwölf für Fortgeschrittene erteilt wird, daß zweimal in der Woche der dramatische Zirkel, viermal in der Woche der Schachklub, viermal in der Woche der musikalisch-vokalisatorische Verband, (der einfach der Gesangsverein ist) und einmal der politisch-historische Verein tagen; allabendlich findet die Bibliotheksausgabe und zweimal wöchentlich juristische Beratungen statt, alle vierzehn Tage eine Kinovorstellung. Eine Zeitung gibt es nicht, – während in zwanzig Gefängnissen Rußlands gedruckte Zeitschriften, in anderen lithographierte oder hektographierte Mitteilungsblätter erscheinen, hat Lefortowo nichts als die Wandzeitung. Es ist ein strenges Gefängnis, die äußere und innere Bedrückung der Häftlinge ist schwer, sie haben keine Zeit zu stilistischen Übungen, keinen schriftstellerischen Ehrgeiz und keine Lust zur Literatur. Der Isolator Lefortowo ist ein trauriges Haus.

Eine Frau harrt des Mörders

„Aber," wandte jemand aus der Gesellschaft ein, die da après souper in der Wohnung auf dem Kaiserdamm über kriminelle Begebenheiten plauderte, „wenn es wahr ist, daß die Verbrecher selbst dumm sind, wieso kommt es dann, daß so viele Verbrechen gelingen?"

„Weil ihre Opfer noch dümmer sind."

„Das stimmt," nickte Frau H...r. „Sie kennen doch mein Stubenmädchen?"

„Die alte Klara?"

„Ja, die alte Klara. Sechzig Jahre war sie im vorigen Monat Die hat mir neulich ihren Liebeskummer gebeichtet: in ihrer Jugend hat sie in Hannover als Kindermädchen gedient, bei einer Wiener Dame, die mit ihrer Familie zum Sommeraufenthalt nach Vöslau fuhr. Dort hat die Klara einen Mann kennen gelernt, und sich mit ihm verlobt. Nach Hannover zurückgekehrt, beschaffte sie sich ihre Papiere, und behob ihre Ersparnisse, um zur Hochzeit nach Wien zu fahren. Ihr Bräutigam drängte schon. Er hatte sich als Ingenieur bezeichnet, aber angedeutet, er sei in Wirklichkeit ein Fürst Wipolinski ..."

„Winipolski, nicht?" unterbrach ich.

„Ja, Winipolski, ganz recht. Sie kennen den Namen? Wer ist dieser Fürst Winipolski?"

„Bitte, erzählen Sie weiter, gnädige Frau."

„Wenn Sie den Namen kennen, ist die Sache vielleicht doch nicht so unwahrscheinlich, wie sie mir vorkam. Mir schien es unglaubhaft, daß der russische Zar ihn von Mördern verfolgen lasse, – aber wenn Sie den Namen kennen, wird vielleicht doch etwas daran sein." Frau H...r war durch meine Zwischenfrage eingeschüchtert. „Ich war fest davon überzeugt, daß die Klara damals einem Heiratsschwindler in die Hände geraten sei ..."

„Wie war das?"

„Also, sie schrieb ihm nach Wien, postlagernd, daß sie ankomme. Nun, er war nicht an der Bahn. Sie ging in ein Hotel, „Zur Spinne", glaube ich, weil er erwähnt hatte, sie würden dort wohnen. Auf dem Postamt fragte sie, ob ihre Briefe schon behoben seien, – sie waren noch da. Da dachte Klara, ihr Verlobter sei entweder krank oder verreist. Ein paar Tage blieb sie im Hotel und fuhr dann nach Hannover zurück. Sie wartete auf eine Nachricht, – nein, sie wartet eigentlich noch immer, daß ihr Fürst zurückkommen und sie zur Fürstin machen wird …"

„Könnte ich die Briefe sehen?"

„Ich glaube nicht, daß die Klara sie aus der Hand geben wird. Sie hat sie in einer Schatulle aufbewahrt, mitsamt dem Verlobungsring und verwelkten Blumen."

„Sagen Sie ihr doch, daß Sie einen Graphologen kennen, der aus den Handschriften feststellt, ob der Schreiber noch lebt, ob er wiederkommen wird, oder so etwas. Sie erhält die Briefe binnen vier Stunden unversehrt zurück."

„Ich werde es versuchen. Aber erzählen Sie, was Sie daran so interessiert."

„Erst nachdem ich die Briefe gesehen habe!"

Klara hat zwar abgelehnt, ihre Schätze herzuleihen oder auch nur zu zeigen, aber Frau H…r konnte den dringenden Bitten eines leidenschaftlichen Berichterstatters nicht widerstehen, ihn für Sonntag nachmittags zum Tee einzuladen; Klara hatte Ausgang.

Es sind sechs Billetts aus der Zeit vom 25. Juli bis Ende Dezember 1883. Ein oder zwei Gespräche, zwei Rosen, ein Ring mit weißem Saphir, fünf kleine Briefe und eine Postkarte genügten, daß Fräulein Klara vierzig Jahre lang in Glaube, Liebe und Hoffnung des Verlobten harrte und heute noch jungfräulich seiner harrt. Er brauchte wirklich nicht mehr zu tun, und er hätte auch zu eifrigerer Korrespondenz wenig Zeit gehabt, die sechs Monate waren mit gründlicher Arbeit ausgefüllt.

Der Absender, der sich mit „Hermann Siegel, Ingenieur" unterzeichnet und darunter seine Briefadresse: „H. K. S., Westbahn Wien, poste restante" angibt, ist – wie ich sofort wußte, da der Name „Fürst Winipolski" fiel – kein anderer als der Dienstbotenmörder Hugo Schenk. Und in jener Zeit, in der ihn das junge Hannoveranische Kindermädchen kennen und lieben lernte, übte er eine Tätigkeit aus, wie sie die Kriminalgeschichte bestialischer kaum kennt. Aus den alten Zeitungsberichten über den Prozeß ist auf den Tag festzustellen, wann er mit Klara angebandelt hat, genauer wohl, als sie selbst es weiß, und wir vermöchten ihr auch zu erzählen, was der vornehme Herr mit den zurückhaltenden Manieren während ihrer Verlobungszeit getrieben.

Weshalb war er in Vöslau? Kurz vorher war Schenk mit dem Dienstmädchen Josefine Timal nach Weißkirchen gefahren und mit ihr in Begleitung seines bereits längst erprobten Mordkomplizen Karl Schlossareck nach Zernodin gegangen. Die drei ließen sich im Walde in der Nähe des „Gevatterlochs" nieder und Schenk gab dem Mädchen Wein zu trinken, der mit Chloraldehyd gemischt war. Schlossareck ging abseits, um einen großen Stein heranzuwälzen. Als er mit diesem zurückkam, lag die Timal derangiert auf dem Boden. Schlossareck fragte Schenk: „Was hast du mit ihr gemacht?" – Schenk erwiderte: „Sie hat es verlangt." Die beiden Männer knebelten nun das Mädchen und schleppten es zum Gevatterloch. Nachdem sie die Schmuckstücke und das Sparkassenbuch der Timal an sich genommen hatten, banden sie ihr den Stein um den Leib und stürzten sie die Böschung hinab in das Wasser des Gevatterlochs. „Die Augen, mit denen sie uns angesehen hat," sagte nach der Tat Schlossareck, sonst bloß gedanken-, willen- und gefühlloser Mordgehilfe Schenks, zu seinem Meister, „die Augen werde ich, meiner Seel', nie vergessen."

Diese Tat fällt bereits in jene Periode des Schenkschen Schaffens, in der er sich zur Erkenntnis durchgerungen hatte, bei Verbrechen müsse tabula rasa gemacht werden, jedes Opfer sei nicht bloß zu berauben, sondern auch zu töten, und alle Personen, die einen Anhaltspunkt zur Aufhellung der Tat geben könnten, ebenfalls. Eine solche Persönlichkeit war in diesem Falle die Tante der ermordeten Josefine Timal, Fräulein Katharina Timal in Budweis. Sie aus der Welt zu schaffen, schien aus zwei Gründen ratsam: erstens hatte Katharina Timal sich um ihre Nichte eifrig gekümmert, weshalb die Gefahr bestand, daß sie nach deren Verbleib forschen könnte. zweitens hatte sie Geld.

Schenk beschloß, sie „im Namen ihrer Nichte" einzuladen, zu dieser auf ihr Landgut bei Pöchlarn zu übersiedeln. Da er die Adresse Katharinas nicht wußte, fuhr er nach Vöslau, um die Schwester der Josefine nach der Adresse von Tante Katharina zu fragen. Das war schnell erledigt, und es blieb ihm noch Zeit, ein junges Hannoveranisches Kindermädchen auf der Straße anzusprechen, ihr ewige Liebe und Treue zu schwören, sie um Herz und Hand zu bitten, das Jawort zu erhalten, ihr sein Lebensgeheimnis zu enthüllen, daß er der Fürst Winipolski sei, und wegen polnischer Propaganda vom Zaren verfolgt werde, die Höhe ihrer Ersparnisse zu erkunden, den Termin der Hochzeit in Wien zu besprechen und ihr strengstes Stillschweigen aufzutragen, – ohne daß diese Überfülle von Erklärungen und Verpflichtungen dem jungen Mädchen aus den Achtzigerjahren damals oder im Laufe der nächsten vier Jahrzehnte irgendwie aufgefallen wäre. Ob er ihr schon in Vöslau die beiden Rosen und das Ringlein mit dem weißen Saphir (welchem seiner Opfer mag er es abgenommen haben?) geschenkt hat, oder ob er noch ein zweites Mal in Vöslau zu Besuch war, wissen wir nicht.

In den Akten steht bloß, daß des verlobten Herrn ehelich angetrautes Weib, die ahnungslose und brave Frau Wanda aus Prag, wo Schenk sie subsistenzlos zurückgelassen hatte, verzweifelt nach Wien reiste, um ihn wiederzugewinnen; Wanda kehrte unverrichteter Dinge nach Prag zurück und fand schließlich in Saaz, im Hause eines Hopfenhändlers eine Anstellung als Gouvernante. Außerdem kam Katharina Timal aus Budweis, der vermeintlichen Einladung ihrer jungverheirateten Nichte Folge leistend, in Wien an. Ihr neuer Neffe, Hermann Siegel, erwartete sie, und fuhr mit ihr am 21. Juli nach Krumm-Nußbaum. Nachts gingen sie gegen das „Gut" zu, als Schlossareck mit Karl Schenk, dem Bruder Hugos, am Donau-Ufer an sie herantraten: „Brauchen Sie einen Fährmann?" Hugo bejahte – das verabredete Zeichen – und im selben Augenblick fielen Karl Schenk von vorne, Schlossareck von hinten über die Timal her, um sie zu erwürgen. Da sie sich verzweifelt wehrte, schnitt Hugo Schenk ihr mit einem Schlachtmesser Hals und Kehle durch. Dann nahmen die Mordkumpane der Sterbenden Pretiosen und ein auf zwölfhundert Gulden sechzig Kreuzer lautendes Sparkassenbuch ab, banden ihr einen Stein um den Leib und warfen sie ins Wasser. Tags darauf behob Hugo Schenk in Wien die Spareinlage und machte mit Emilie Höchstmann, einem wohlhabenden Bürgermädchen, das er seit langem mit seinen Nachstellungen verfolgte, eine Landpartie nach Melk; dort gestalteten sich die Beziehungen endlich nach seinem Wunsche. Am selben Tag putzte sich unsere Klara in Vöslau schön heraus, sie erwartete ihren Geliebten. Er kam nicht, sondern schrieb – unmittelbar nach der Ermordung der Katharina Timal – folgenden Brief an das Mädchen:

Wien, 25. 7. 1883.

Verehrtes Fräulein!

Ich bestättige den Empfang Ihres w. Schreibens vom 22. u. muß nur bedauern, daß ich Sonntag nicht zurecht kommen konnte, da ich Ihr Schreiben viel zu spät erhielt.

Es hätte auch meinem Herzenswunsche entsprochen, mit Ihnen den Sonntag auf dem Lande zu verbringen, doch kam Ihr Brief erst gestern an. Heute ist es leider zu spät, denn ich nehme an, daß Sie in den nächsten Tagen nach H. verreisen werden. Ich hätte Sie dann gerne in Wien erwartet, aber ich reise heute abends nach Ungarn, um Holz einzukaufen, was mich 1–2 Wochen aufhalten wird.

Reisen Sie glücklich, verehrtes Fräulein, ich hoffe bestimmt, daß Sie in Ihrer Heimat die Versprechungen nicht vergessen werden, die wir uns gegenseitig gegeben haben, und an denen ich mit ganzem Herzen festhalte.

Mit innigen Grüßen zeichne ich mich

Siegel, Ingenieur.

Der Brief ist wie alle, auf weißem Bogen mit ausgeschriebener Hand und in flüssigem Stil hingeworfen; Schenk war der Sohn eines Kreisgerichtsrates in Teschen, hatte gute Schulbildung genossen und war – trotzdem er erst vierunddreißig Jahre zählte – ein ziemlich weitgereister Mann. Sein nächstes Schreiben an Klara ist schon nach Hannover gerichtet, nach einer neuerlichen Bluttat, die er diesmal allein begangen hatte. Am 5. August 1883 war er mit dem bildhübschen Stubenmädchen Therese Ketterl nach Lilienfeld gefahren, und hatte sie in eine einsame Gebirgsschlucht, die „Sternleiter" geführt, wo er sie erschoß. Bei Gericht gab er allerdings an, er habe seiner Begleiterin gezeigt, daß sein Revolver ungeladen sei; später habe er unauffällig ein Geschoß eingeschoben, und sie veranlaßt, den Revolver – „spaßhalber" – gegen ihren Kopf abzudrücken. Den Leichnam beraubte Hugo Schenk vollständig, zog ihm sogar Kleider und Wäsche aus, und versenkte ihn in den Fluß. Drei Tage darauf schreibt er an Klara nach Hannover:

Wien, 8. 8. 83.

Verehrtes Fräulein!

Anzeige Ihnen, daß ich von meiner Geschäftsreise zurückgekehrt bin, habe viele Aufregungen hinter mir, doch glaube ich alles gut erledigt zu haben, so daß unsere Zukunft jetzt heller erscheint. Ich fand Ihre beiden l. Briefe u. können Sie sich denken, wie ich mich freute.

Ich vertraue Ihnen vollkommen, wie Sie auch mir vertrauen können. Das Leben hat viele ernste Momente, doch mit Mut und Geduld kann man alles überwinden.

Auch Haß und Mißgunst können nichts ausrichten gegen die Einigkeit zweier treuer Herzen.

Ich würde Ihnen raten, alle notwendigen Papiere sich von Ihren w. Eltern schicken zu lassen, und auch alles andere bereit zu halten. Sie werden von mir sehr bald erfahren, was ich für uns beide beschlossen habe, u. glaube ich, daß dann unser Glück vollkommen sein wird.

Seien Sie vielmals u. aufrichtig innig gegrüßt

von Ihrem Hermann S.

Der Brief, mit dem er sich ein neues Opfer sichert, ist umso bemerkenswerter, als die letzte Beute – diesmal muß er sie weder mit seinem Bruder noch mit Schlossareck teilen – so beträchtlich ist, daß er sich wahrlich eine Zeit lang Ruhe gönnen könnte; hat er doch die Depots der Ketterl, in der Höhe von 813 Gulden und 364 Gulden 58 Kreuzer behoben, für die Wertpapiere in der Wechselstube „Merkur" 1400 Gulden bekommen, und dem Leichnam außerdem ziemlich teuren Schmuck geraubt.

Mit Emilie Höchstmann, die der Mädchenmörder wirklich zu lieben scheint, fährt er nun nach Stettin – nicht ohne vorher der zum nächsten Opfer ausersehenen Klara obige Sentenzen mitzuteilen, daß das Leben viele ernste Momente habe, Mut und Geduld alles überwinden können und dergleichen. In Stettin richtet er dem Schwager der Höchstmann vom Gelde der toten Ketterl einen Blumenladen ein, und verbringt den Rest der Flitterwochen in Wien, wo bereits Plakate das Verschwinden der Ketterl anzeigen und den Verdacht eines Raubmordes aussprechen. Vielleicht denkt er nunmehr daran, einige Zeit zu pausieren, jedoch Klara bombardiert ihn mit Liebesbriefen, sie drängt sich zu ihrem Glück. Er antwortet nicht. Als sie ihm anzeigt, daß sie am 1. September nach Wien abreisen wolle, winkt er ab. Korrespondenzkarte genügt:

Wien, 25. 8. 1883.

Verehrtes Frl.!

Ein Telegramm zwingt mich, auf einige Zeit zu verreisen u. muß Sie daher bitten, Ihre Abreise zu verschieben, bis ich Ihnen meine Rückkunft anzeige, welches hoffentlich recht bald der Fall sein wird.

Mit vielen Grüßen zeichne ich mich

Hermann S.

Hermann S. arbeitet an neuen Dingen. Die Zofe Josefine Eder braucht er gar nicht zu ermorden, – sie ist so sehr sein willenloses Instrument, daß sie ihm ohne äußere Nötigung ihre Ersparnisse ausliefert und ihre Herrin, die Baronin Malfatti bestiehlt, um den Schmuck ihrem Bräutigam zu bringen. Außerdem hat Schenk das Stubenmädchen Rosa aufs Korn genommen, das ein Vermögen von 800 Gulden hat. Aber sie hat ihr Sparkassenbuch verloren, und die Amortisation muß durchgeführt werden, bevor Schenk darangehen kann, sie umzubringen. Inzwischen verlangt Schlossareck, dessen Anteile immer gering gewesen sind, und der von der Ketterl überhaupt nichts gehabt hat, aus Geldmangel die Ausführung neuer Taten. Da schreibt Schenk an mehrere seiner Reservebräute – das Gericht stellte später fest, daß er deren acht besaß – und knüpft die gelockerten Beziehungen fester. Unsere Klara bekommt diesen Brief:

Wien, am 12. Okt. 1883.

Verehrtes Fräulein Klara,

mitteile Ihnen, voller Freude, daß ich gesund zurückgekehrt bin u. daß Ihre Briefe vorgefunden habe. Ich bin sehr schmerzlich überrascht, weil Sie an meiner Treue verzagt sind, ich bin ein Mann von Wort, u. was ich mir vornehme, führe ich durch, auch wenn sich noch so unermeßliche Schwierigkeiten gegen mich türmen.

Seien Sie versichert, daß auch ich der schönen Stunden in V. mich gerne erinnere, und nichts sehnlicher wünsche, wie unsere endliche Vereinigung.

Schreiben Sie mir, wann Sie nach hier kommen können, damit ich, von Berufsgeschäften u. -Sorgen überhäuft, alles einrichten kann.

Nehmen Sie nochmals die Versicherung meiner vollsten Liebe und Ergebenheit entgegen von Ihrem

Hermann S., Ingenieur.
Westbahn Wien, poste restante.

Ein Überfall, den die beiden Schenks und Schlossareck auf einen Postboten zwischen Pöchlarn und Artstetten unternehmen wollen, schlägt fehl; ein Einbruch, um die Familie des Postmeisters zu ermorden, stellt sich als undurchführbar heraus, die Rosa Ferenczy ist noch nicht reif zum Raubmorde, da sich die Amortisation des Einlagebuchs verzögert, und Klara, die am 1. September Hannover verlassen wollte, schreibt anscheinend, auf die Postkarte hin warte sie noch, und zwar habe sie sich ihrer Herrschaft gegenüber verpflichten müssen, noch mindestens ein Vierteljahr im Dienst zu bleiben, sonst wäre sie nicht von neuem angestellt worden. Die Antwort ihres Bräutigams lautet:

Wien, 2. Novemb. 1883.

Verehrtes Fräulein Klara,

bestättige Ihnen Ihre beiden Briefe vom 18. u. 26. Oktober u. bin sehr traurig, daß Sie sich auf so lange Zeit verpflichtet haben. Ich habe unsere Vereinigung, die ich so sehr ersehne, für diese Tage erwartet, und bin sehr traurig, daß ich bis Neujahr warten muß. Schreiben Sie mir, wann Sie eintreffen, da Sie sehnsüchtig am Bahnhof erwarten werde.

In meinem Leben ist unerwartet eine sehr günstige Wendung eingetreten, ich gebe Ihnen die bestimmte Versicherung, daß sich unsere Zukunft sehr günstig gestalten wird.

Vergessen Sie nicht, die Papiere mitzubringen, u. alles Andere, damit nichts verzögert, ich habe hier bereits alle Vorbereitungen getroffen.

Mit der Hoffnung auf endliches baldiges Wiedersehen empfiehlt sich Ihnen

Ihr Sie liebender H. S., Ingenieur.
Westbahn, postlagernd.

Der letzte Brief, den Schenk an seine Braut schreibt, und in dem er ihr – vielleicht wirklich – aufrichtigen Herzens ein glückliches Weihnachtsfest wünscht, „weil es doch das letzte ist ...", trifft auch alle Anordnungen wegen der Ankunft.

Wien, am 10. 12. 83.

Verehrtes Fräulein Klara,

wie ich aus Ihrem letzten l. Briefe vom 1. d. Mts. sehe, haben Sie alles so erledigt, wie ich es nicht besser wünschen kann. Betreffs Ihrer Befürchtung kann ich Sie vollkommen beruhigen, ich bin ein freiheitlicher Mann u. habe keine Vorurteile.

Bewahren Sie mir nur Ihre w. Zuneigung u. Vertrauen und seien Sie versichert, daß ich Gleiches mit Gleichem vergelten u. meine Zärtlichkeit niemals erkalten wird. Ich wünsche Ihnen aus aufrichtigstem Herzen ein glücklichstes Weihnachtsfest, weil es doch das letzte ist, das Sie in ledigem Stande verbringen.

Abreisen Sie also am 1. n. Mts., nehmen Sie alles mit und schreiben Sie mir noch die Stunde Ihrer Ankunft. Ich werde auf dem Perron warten, wenn ich in Wien bin. Sonst gehen Sie ins Hotel „Zur gold. Spinne" auf der Landstraße, wo ich ein Zimmer reservieren werde. Es kann nämlich sein, daß mich eine wichtige unaufschiebbare Angelegenheit zu einer kurzen Reise zwingt. (Geschäftlich.)

Nehmen Sie die Versicherung meiner vollsten Ehrenhaftigkeit mit der ich mich zeichne

Siegel, Ingenieur.
Bitte antworten Sie mir noch umgehend.
H. K. S. Westbahn Wien, poste restante.

Zwischen Lipp' und Kelchesrand ... Eine Woche nach Absendung dieses Briefes trifft endlich die Zuschrift der Sparkasse an Rosa Ferenczy ein, daß die Amortisation durchgeführt wurde, und der Behebung des Betrages nichts im Wege stehe. Nun wird in der Nähe von Preßburg am rechten Donauufer die Mordstätte ausfindig gemacht und an Ort und Stelle alles besprochen. Am 28. Dezember reist Schenk mit der Ferenczy nach Preßburg, Schlossareck und Karl Schenk, die Hugo als seine Freunde vorstellt, fahren mit. Nachdem sie gegessen haben, begeben sich alle auf den ausgesuchten Platz. Dort schlägt Schlossareck mit einer Hacke, die er in einem Sack bei sich trug, das Mädchen nieder, dann ergreift Hugo Schenk das Beil und vollendet das Werk, indem er ihr die Schädeldecke zertrümmert. Die Leiche wird durchsucht, Ohrgehänge und Perlenarmband abgenommen, (es sind Geschenke Schenks, für den sie die Eder bei der Baronin Malfatti gestohlen hat) und vor allem das Sparkassenbuch. Hugo wirft die Tote, steinbeschwert, in die Donau.

Schenk wird vorsichtig. Die Amortisation des Einlagsbuches könnte in Verbindung mit dem Verschwinden der Ferenczy und der Auszahlung des Gesamtbetrags Verdacht erregen; auch kennen ihn die Dienstgeber des verschwundenen Mädchens. Tagsüber hält er sich in der Wohnung seines Bruders oder Schlossarecks auf. Er denkt nicht daran, die Briefe Klaras abzuholen, geschweigedenn die Braut zu erwarten.

Klara kommt an, und da ihr Bräutigam nicht am Bahnhof ist, geht sie ins Hotel „Zur gold. Spinne". Kein Zimmer reserviert, ihr Bräutigam unbekannt. Sie bleibt. Auf dem Bahnhofspostamt erfährt sie, daß ihre letzten Briefe nicht behoben sind. Vielleicht hat er ihr nach Hannover geschrieben? Sie fährt nach Hannover zurück. Auch hier nichts. Nun, vielleicht hatte er keine Zeit. Ihr Vertrauen ist nicht erschüttert.

Schenk wird ausgeforscht, festgenommen und man macht ihm schon im März vor dem Senat des Ausnahmsgerichtes den Prozeß. Am 22. April 1884 baumelt er neben Schlossareck, als einer der bestialischesten Mörder aller Völker und Zeiten, auf dem Galgen.

Klara aber wartet noch immer auf ihn. Briefe, Rosen und Ring sind ihr Heiligtum. Und die Erinnerung an ihren Fürsten, der so vornehm und zurückhaltend war, wie keiner der Männer, denen sie je begegnet. Sie wartet auf ihn seit zweiundvierzig Jahren und ist überzeugt, er wird wiederkehren und sie freien.

Das Verlies
des Grafen von Monte Christo

Wie sich der Leser wohl erinnert, wird Edmund Dantès, nachmals Graf Monte Christo, von einem ehrgeizigen Berufskollegen verleumdet, von einem eifersüchtigen Nebenbuhler angezeigt und von einem um seine Karriere besorgten Staatsanwalt eingekerkert in den Kasematten des Schlosses If bei Marseille, durch einen Gang, den ein Zellennachbar, der Abbé Faria, in jahrelanger Mühsal gräbt, erlangt Dantès das Geheimnis eines Schatzes und schließlich die Freiheit, indem er sich anstelle des verstorbenen Priesters in den Totensack einnähen und als Leichnam in das Meer werfen läßt.

Unwahr ist, daß es je einen Edmund Dantès, vulgo Monte Christo gegeben, unwahr die ganze Denunziationsgeschichte, unwahr der Abbé Faria und der Schatz, unwahr (und kitschig) der ganze weitläufige Racheplan des Freigekommenen. Wahr aber, fürchterlich wahr die Kerkerhölle im Schlosse If, Alexander Dumas hat schaudernd die Verließe gesehen und sich, ein Sohn der Bastillenstürmer, die Tragödien ihrer Bewohner auszumalen vermocht; ein enges Loch, das zwei Zellen verbindet, war der Anlaß zu seinem Roman, dem gelesensten der Weltliteratur, – das Scherzwort, man müsse, um eine Kanone herzustellen, ein Loch nehmen und mit einem Lauf umgeben, war allen Ernstes sein Rezept, um das Loch herum schrieb er sein Buch … Angesichts dieses, von einem Lebendigbegrabenen zum Leidensgefährten gebahnten Weges, angesichts einer kahlen Felseninsel von stöhnendem Kalk, angesichts erbarmungsloser Wälle und finsterer Wölbungen und vergitterter Luken, angesichts einer dreihundertjährigen Vergangenheit von Qualen geschichtsbekannter Kerkersträflinge begann er das Leben eines zu erzählen, der niemals gelebt …

Um dieses Phantoms willen wallfahrten Menschen in Barkassen zu dem Eiland ihres Lieblings aus dem Roman und dem Kino. Fröstelnd stehen sie in seiner Zelle, die es nie war, und nur nebenbei, da ja das Eintrittsgeld bereits bezahlt und die Kerze noch nicht niedergebrannt ist, schweifen sie in die anderen Räume und erfahren, daß Frankreich im Mittelmeer eine zweite Bastille besaß, ihrer Pariser Kollegin würdig.

Der Romanschreiber läßt seinen Helden nach vollbrachtem Rachewerk die ehemalige Zelle zwecks Reflexion besichtigen, denn seit 1830, der Julirevolution, ist der Kerker aufgehoben und Neugierige können ihn anschauen kommen. Das aber ahnten Dumas-Vater und Monte Christo, der Sohn seiner wüsten Phantasie nimmermehr, daß sich diese Schauderstätten wieder mit zwangsweiser Bewohnerschaft bevölkern, und noch im Jahre 1919 Menschen in den Festungswänden von Schloß If festgehalten würden. Während des Weltkrieges saßen deutsche und österreichische Zivilgefangene darin.

Dreieinhalb Jahrhunderte lang wurde hier ausgesetzt, wer gegen Kirche, König und Staat aufzumucken wagte, nur die Minderheit fand aus dem Felsengrab den Weg ins Leben zurück. Den ersten Häftling, den Wundertäter Alberto del Campo holte das Ketzergericht selbst heraus, um dem Volk das Schauspiel eines Auto-da-fé zu bieten: am Weihnachtstage 1588 wurde in Aix der falsche Abbé verbrannt, und seine Geliebte, Margarita Sachetti, nackt vom Henker ausgepeitscht. Einer seiner Nachfolger, der wegen oppositioneller Haltung gegen den Kardinal Richelieu eingekerkerte Marseiller Kaufmann Bernardot, ist in der Kriminalgeschichte als Urheber der verzweifeltesten und am meisten Energie erfordernden Methode zur Abkürzung der Haft bekannt: des *Hungerstreiks*; in den zehn Tagen seines freiwilligen qualvollen Fastens schrieb er mit einem Stück Kohle und mit Blut die Schilderung seiner Torturen an die Wand, und am elften Tage sank er tot zusammen.

Illustre Herren hatten im Laufe der Zeiten in den „Cachots" Wohnung zu beziehen, so *Prinz Kasimir von Polen*, der auf spanischer Seite Kriegsdienste nehmen wollte, trotzdem sein Bruder, König Ladislaus VII. mit Ludwig XIII. ein Waffenbündnis abgeschlossen; durch Schiffskatastrophe zum Landen gezwungen, durch Verrat verhaftet, endete seine Absicht in der Kasematte im Mittelländischen Meer. Ein noch erlauchterer Bruder, der *„Mann mit der eisernen Maske"*, dessen Geheimnis seinen Tod überdauerte, kam, vom Gouverneur der Pariser Bastille, Herrn von Cinq-Mars begleitet, 1686 hierher; seine Zelle im ersten Stock wölbt sich höher und geräumiger als die anderen, aber auch sie ist kalt und nackt und feucht, und im Louvre oder in Versailles ließ es sich besser wohnen, – in den Schlössern, die ihm wohl gehörten.

Die Rache, die der phantasie-entsprungene Graf von Monte Christo hier ausbrütet, – ein wirklicher Häftling, ein wirklicher Graf hat sie wirklich genommen. Wegen leichtfertigen Schuldenmachens wurde am 23. August 1774 eingeliefert Gabriel Honoré de Riquetti, Comte de *Mirabeau*. Er hat später seine Leidensgenossen beschrieben, deren Verbrechen zumeist darin bestand, eine schöne Frau oder eine schöne Tochter zu besitzen, mit welcher der oder jener Machthaber ungestört leben wollte. Auf Chateau d'If verfaßte Mirabeau seinen „Essai über den Despotismus," eine der großen Werbeschriften für die Große Revolution, die Mirabeau an ihrer Spitze sah und die Türen auch dieser Verließe öffnete – – –

– – – um sie unter der Herrschaft Napoleons hinter neuen Opfern ins Schloß fallen zu lassen. Deserteure, Attentäter, Royalisten, Spione, Meuterer und Frondeure werden von Sbirren und Gendarmen hinübergerudert, der erste Tag der ersten Restauration macht sie frei, der erste Tag der hundert Tage überliefert sie wieder dem Donjon au Chateau d'If, der erste Tag der zweiten Restauration füllt alle Löcher der Festung mit Bonapartisten. Das ist die ewige Raserei der Justiz, sie glaubt gerecht zu peitschen und wird selbst gepeitscht von der Politik, heut' von dieser, morgen von jener, Macht geht vor Recht, ohnmächtig schlagen Fäuste gegen Eisentüren. Verschwörungen und Fluchtversuche der Häftlinge enden auf dem Galgen. Einer schlägt den Kerkermeister nieder und wird gehängt. Einer stürzt sich in die Zisterne, die unter den Meresboden reicht, ins Gebiet des Süßwassers. Bei jedem Wellenschlag ächzen die porösen Felsen, als erwachten in ihnen die längst verhallten Seufzer.

Die Julirevolution hebt das Inselgefängnis auf, doch die Niederwerfung der Revolution von 1848 liefert ihm an einem Tage 261 Personen, fast jede von ihnen hat ihren Namen auf eine Platte der Terrasse gemeißelt; der Staatsstreich vom 2. Dezember 1851 – „der 18. Brumaire des Louis Bonaparte" – stopft die Höhlen mit festgenommenen Republikanern voll, und nach der Commune von 1871 sind fünfhundertdreizehn Gefangene da, Frauen darunter, sie werden verurteilt, meist zum Tode (u. a. stirbt Gaston Crémieux auf der Guillotine) oder zur Verbannung. Dann sind's Araber, die einen Aufstand in Algier unternahmen, und die deutschen und österreichischen „Zivilinternierten" von 1914 bis 1919 werden die ersten Nachfolger Monte Christos im zwanzigsten Jahrhundert und die letzten – bis jetzt.

Prozeß über historische Prozesse

Man urteile selbst: eine Frau, viel älter als die siebzig Jahre, die sie wirklich alt ist, beider Augen Licht erloschen, spärlicher, grauer Scheitel über verrunzelter Quitte, ein farbloses, fadenscheiniges Kleid, so sitzt sie, wie ein Bettelweib zwischen den beiden Justizsoldaten; das Verbrechen, dessen man sie anklagt, liegt zehn Jahre, zwanzig Jahre, liegt dreißig Jahre, ja beinahe vierzig Jahre zurück. Will man die blinde Matrone, dieses Häufchen Unglück, wirklich zum Tode verurteilen?

Aber nun beginnt der Prozeß, Anklageschrift und ein Gutachten der akademischen Historiker werden verlesen, uralte Zeugen marschieren auf, die dreißig Jahre und länger in sibirischen Zuchthäusern litten, der Ankläger spricht, Felix Kohn, einer aus der Zeit der Ersten Internationale und gleichfalls ergraut in der Katorga Alexanders III. und Nikolaus II. Die dünne blinde Matrone wird von den Scheinwerfern dieser Angaben und Aussagen beleuchtet, farbig beleuchtet und sieht ganz anders aus, sie ist vierzig Jahre jünger, hübsch und reich, wohnt in der Pretschistenka, ihr Mann ist Beamter des neugegründeten Semstwo, einer Organisation, die für die achtziger Jahre schon beinahe revolutionär war, – denn es saßen die Vertreter des Großgrundbesitzes darin. Dieser Gatte, Serebrjakow, ist also ein Liberaler, aber seine schöne Frau, seine schöne Frau mit pechschwarzem Haar und großen tiefblauen Augen, Anna Egorowna, ist liberaler als liberal, linker als links, sie sympathisiert mit den Sozialdemokraten und lädt alles ein, was oppositionell ist, sogar die Illegalen, besonders die Illegalen. In Paris, in der Schweiz und an den russischen Grenzen teilt man den mit konspirativen Aufträgen ins Zarenreich fahrenden Genossen mündlich die wichtige Adresse mit, und vom Bahnhof in Moskau kommen sie alle zu Anna Egorowna. Manchem vermittelt sie Wohnung, verschafft Räumlichkeiten für geheime Druckereien. Revolutionäre aus Nord und Süd treffen sich in ihrem Hause, besprechen etwas unter vier Augen und kehren in ihre Heimat zurück, um – verhaftet zu werden. Wer hat sie verraten?

Vor dem Kriege ging ein Privatdozent namens Leonid Menschikow nach Paris. Er war im Dienste der Ochrana gestanden, der berüchtigten politischen Geheimpolizei und hatte erkannt, daß die im Recht seien, die er bekämpfte. Nun wollte sein Kampf der Ochrana gelten, der Demaskierung ihrer Methoden und ihrer Helfer. Er gab dem Journalisten Burzew das Material, den größten Attentäter Asew und viele andere Provokateure zu entlarven, und Menschikow schrieb dann auch selbst ein reichlich romantisch gefärbtes Buch, in dem er unter anderen als Hauptlieferantin für die Zuchthäuser Anna Egorowna Serebrjakowa bezeichnete, – die schöne Frau mit dem vollen schwarzen Scheitel und den großen blauen Augen, die jetzt, ein erloschenes Weib, mit weißen, dünnen Haarsträhnen auf der Anklagebank sitzt.

Nach der Revolution von 1917 nahm man sie fest und sie verbrachte einige Monate in Untersuchungshaft. Ihre Tochter beging Selbstmord, ihr Mann starb vor Kummer, ihr Sohn jedoch, Professor in Nischnij-Nowgorod, bot alles auf, um zu beweisen, daß seine Mutter niemals Lockspitzel gewesen, niemals von der Ochrana Geld genommen und niemals Verrat geübt habe. Ihm und anderen, von der Unschuld Anna Egorownas Überzeugten gelang es, die Freilassung zu erzielen, ja, die Alte bekam, als Mutter eines Professors, eine Pension vom „Zekubu", dem Zentralkomitee zur Besserung der Wirtschaftslage von Gelehrten.

So lebte sie in Freiheit, bis 1925 aus aufgefundenen Schriftstücken des Staatsarchivs hervorging, daß die Serebrjakowa viele tausend Rubel für geleistete Dienste von der Ochrana und ein außerordentlich hohes Gnadengehalt vom Zaren erhalten hatte, auf Grund eines vom Polizeichef abgefaßten Berichtes, worin er die Verdienste der Pensionswerberin aufzählte. Und nun sitzt sie vor der Barre. Niemand in

Rußland glaubt mehr an ihre Unschuld, jeder in Rußland glaubt, man werde sie erschießen, hat sie doch jahrzehntelang die Revolution verraten, darunter Lenin und die anderen Vorkämpfer.

Ihr Sohn richtete jetzt an die Prozeßleitung ein Schreiben, in dem er sich von seiner Mutter lossagt und seine Bereitwilligkeit erklärt, unter solchen Umständen als Belastungszeuge aufzutreten. Dieses Schriftstück ist es vielleicht, das der Greisin, für deren Leben kein Mensch mehr eine Kopeke gegeben hätte, das Leben gerettet hat, denn die Haltung des Professors wirkt peinlich, und einstimmig beschließt die Gerichtskammer, die angebotene Aussage abzulehnen. (Gleichzeitig findet in Baku der Prozeß gegen den Sozialrevolutionär Funtikow statt, der Agent der englischen Naphtatruppen gewesen und an der Erschießung der sechsundzwanzig Volkskommissare mitschuldig ist; er war geflüchtet und hat in Sibirien unerkannt gelebt, bis ihn – – seine Tochter, die ihn abgöttisch liebte, aber Mitglied der kommunistischen Jugendorganisation ist, aus politischem Pflichtgefühl anzeigte. Und der Tochter Funtikows wendet sich ebenso die Sympathie Rußlands zu, wie dem Sohn der Serebrjakowa die Verachtung).

Die Alte verteidigt sich selbst. Da sie ihr Leben erzählt, wird sie wieder jung, sie schildert ihre unglückliche Ehe mit Serebrjakow, und wie sie sich einem Verehrer anschloß, bei dem sie häufig für ihre verfolgten Freunde intervenieren mußte. Dieser Verehrer war kein anderer als Sergej Wassilewitsch Subatow, der Chef der Ochrana, von dem der Plan stammte, die Arbeiter in legalen Vereinen zu organisieren, um sie besser überwachen zu können, der berühmte „Polizei-Sozialismus".

Zwischen Anna Egorowna und Sergej Wassilewitsch entspann sich eine – wie die blinde Greisin zu versichern für notwendig hält, platonisch gebliebene – Freundschaft. Sie leugnet nicht, mit ihm über die Menschen gesprochen zu haben, die von der Polizei gehetzt wurden und in Moskau bloß in ihrem Hause eine Bleibe hatten, aber, fügt sie hinzu, sie habe nur zu deren Gunsten geredet, keinen verraten und im Gegenteil, die Angaben in den Protokollen der Ochrana im Interesse ihrer Freunde rektifiziert. Als es ihr schlecht zu gehen begann, und sie Geld brauchte, damit ihr Sohn seine Studien vollenden könne, habe ihr alter Verehrer sie unterstützt, sie nahm's als Cadeau, ohne zu ahnen, daß er die Summen auf den Spitzelfonds verrechne. Nach dem Tode ihres Gatten habe Subatow an den Zaren die Eingabe gerichtet, ihr eine hohe Pension zu gewähren; natürlich habe sie sich nicht gegen die Begründung gewehrt, trotzdem darin „Verdienste" aufgezählt waren, die sie sich nicht erworben hatte. „Hätte ich verraten wollen, so hätte ich alle meine Freunde ins Zuchthaus gebracht, und alle konspirativen Aktionen verhindert, von denen ich wußte." Sie nennt sie: das verrunzelte Weib mit den leeren Augenhöhlen spricht von Abenden und Nächten der Jahre 1888, 1902, des Sturmjahres 1905, des ersten Parteitages 1908, mit einem Elan, mit einem Gedächtnis, das in Erstaunen versetzt.

Und sie hat Glück. Als Zeugen marschieren auf, die, von denen Menschikow behauptete, daß sie sie verraten habe: Lunatscharski, Anna Ilinitschna Elisarowa, die älteste Schwester Lenins, Maria Smidowitsch, die jetzt als Hauptgegnerin der Kollontay gegen die freie Liebe auftritt, Solz, der als Vorsitzender der Z. K. Z. oberster Richter über Parteimoral ist, Semaschko, Leo Deutsch, die Überlebenden aus der Geschichte der russischen und der Polnischen Sozialdemokratie und der bolschewistischen Fraktion. Zum Teil verteidigen sie ihre einstige Gastgeberin. Sie sei eine romantische Dame gewesen, etwas zum Plaudern geneigt – manche sagen sogar schwatzhaft – und man habe sich daher gehütet, allzu geheime Dinge vor ihr zu erörtern. Trotzdem seien diese Dinge, von denen die Serebrjakowa nichts wissen konnte, zur Kenntnis der Polizei gelangt, und es gab für jede Verhaftung auch eine andere, plausiblere Erklärung als die, daß ein Verrat der Serebrjakowa erfolgte.

Je weiter die Verhandlung vorrückt, deren agitatorischer Zweck klar ist, (vor dem Richter steht ein Radiosender, und in jeder dörfischen Lesestube am Ural und im Kaukasus lauscht man dem Verhör) je weiter also die Verhandlung vorrückt, die die Zeit der Persekutionen sinnfällig machen und Empörung gegen die Denunziantin wecken soll, desto stärker wird das Mitgefühl für die blinde, weißhaarige, von ihrem Sohn verstoßene Frau, deren Delikte aus ihrer Liebe zu einem Menschen von verächtlichem Amt, zum Chef der Ochrana, erwuchsen.

Der öffentliche Ankläger erörtert die vierzehn nachgewiesenen Punkte der Anklageschrift: für jedes dieser Verbrechen an der Entwicklung der Freiheit und des sozialen Gedankens habe Anna Egorowna nicht einen, sondern vierzehn Tode verdient. Er beantragt, sie zu „zerschießen", wie das russische Wort bildhafter und furchtbarer den Tod durch das Gewehr ausdrückt. Für Zubilligung mildernder Umstände plädiert der vom Gericht gestellte Verteidiger, er spricht kurz, man liebt die Advokaten nicht. Der Gerichtshof zieht sich zurück, dreiundzwanzig Stunden dauert die Beratung, ohne daß sich jemand aus dem Beratungszimmer entfernen darf. Da er wiederkehrt, wird anderthalb Stunden lang verlesen, Anna Egorowna in vierzehn Fällen schuldig gesprochen, die Delikte aufgezählt und der Schuldspruch begründet. Atemlos wartet Rußland, den Hörer am Ohr, auf das Wort „rastreljat". Und das Wort fällt, Anna Egorowna ist verurteilt zum Tode durch Zerschießen, doch fügt der Gerichtshof hinzu, daß diese Höchststrafe angesichts des erblindeten Angesichts und der sonstigen Hilflosigkeit der Verurteilten in siebenjährige Einzelhaft umgewandelt wird, mit Anrechnung von einem Jahr sieben Monaten Untersuchungshaft. Von dem Rest, – das weiß jeder im Auditorium, – braucht man bloß die Hälfte abzubüßen, wenn die Führung während der Haft keinen Anlaß zu Klagen gibt. Stehend wird das endlose Urteil angehört, auch die beiden Justizsoldaten stehen. Nur die Alte sitzt. Sie sitzt eingesunken da, stützt die leeren Augenhöhlen in die Fäuste und zuckt nicht einmal bei Verkündigung des Höchstmaßes zusammen. Aber da die Umwandlung der Strafe ausgesprochen wird, richtet sie sich ganz froh und frisch auf, und nach Schluß der Verhandlung beginnt sie mit den Mitgliedern des Gerichtshofes zu plaudern. „Sind Sie zufrieden, Anna Egorowna?" – „Ich habe eigentlich nur fünf Jahre erwartet", lacht sie.

Eine Frau kommt, nimmt sie unter dem Arm und hilft ihr die Stufen vom Podium hinab, auf die Straße zum offenen Auto, das sie in den Kerker fährt. Photographen knipsen, die Menge steht Spalier und ein achtjähriger Junge, der das so gewohnt ist, schreit „Hoch", die Leute lächeln, der Kleine hat etwas von der Sympathie ausgedrückt, die die menschliche Seele auch einem verabscheuungswürdigen Verbrecher entgegenbringt, und etwas von dem Mitleid mit einer Greisin, die zwar aus dem Kerker noch den Weg in die Freiheit finden kann, aber nicht mehr den zu ihrem Sohn.

Der Einbruch
in die Amsterdamer Diamantenbörse

I. Die Tresors waren gut gesichert

Ich schlage Ihnen also einen Einbruch in die Safekammer der Amsterdamer Diamantenbörse vor, und glaube auch, daß er lukrativ sein wird. Aber niedrig sind die Kosten nicht, das sage ich Ihnen gleich, Herr Generaldirektor, und die Sache ist auch schwer zu machen, das sage ich Dir gleich, Charlie!

Der Raum ist durch ein Stahlgitter abgetrennt. Na, das ließe sich erledigen. Rings um die Kammer verläuft ein schmaler Gang, Tag und Nacht elektrisch beleuchtet, schräge Spiegel in jeder Ecke, in denen man dich sieht, hättest du dich hinten verborgen. Ein Wächter beobachtet. Gewiß, der könnte leicht beseitigt werden. Aber, Charlie, wenn du Wächter und Gittertüre absolviert hast, was tust du dann? Du stehst wie der Ochs vor der neuen Türe, die siebentausend Kilo wiegt. Zwei solcher Panzertüren sind da, auf Kugellagern beweglich. Die Schlüssel wären schließlich auch zu beschaffen: vorheriger Überfall auf den Kassendirektor. (Ein schmächtiger Herr.) Aber die Schlüssel helfen ja auch nichts, Teufel, Teufel, die Tür kann nur von drei Personen gleichzeitig geöffnet werden, die die Ziffernkombinationen kennen! Kopf hoch, Charlie, – wozu haben wir die schöne Filmdiva, wenn sie nicht imstande wäre, dem Börsenpräsidenten, dem Pfennigmeister und dem schmächtigen Kassendirektor – ach so, der wird ja durch Überfall erledigt – also zwei Personen innerhalb eines Aktes das Geheimnis der Ziffernkombinationen zu entlocken? Geht in Ordnung, sie bringt euch die Chiffren, dir, Charlie, und dem Intriganten Bill, der ein Auge auf die Filmdiva geworfen hat, eifersüchtig auf dich ist und dich anzeigen wird, – wetten, Charlie?

II. David, ein junger Brillantenschleifer, liebte die Diva ...

Aber das gehört nicht hierher, das gehört in den fünften Akt, vorläufig sind wir erst im ersten. Ihr habt David aufgesucht, der war vor vielen Jahren, als Junge in New York, im Vorspiel noch, beschuldigt worden, einen Ring gestohlen zu haben, um ihn der (zukünftigen) Filmdiva zu schenken, er flüchtete nach Europa, wurde Diamantarbeiter, und dann Besitzer einer kleinen Schleiferei in Amsterdam, ein ehrlicher Mensch; er lehnt es ab, euch als seine amerikanischen Geschäftsfreunde auf der Beurs vor den Diamanthandel einzuführen, trotzdem Bill droht, Davids Vergangenheit zu verraten. Erst als die Diva ihn bittet – Vision: seine Kindheit, Titel: „David liebt sie noch immer ...“ – leistet er in der Loge des diensthabenden Beamten für euch Bürgschaft ...

III. Und so führt er Charlie und Bill als Börsengäste ein ...

Du und Bill, ihr habt also die Gastkarte, ihr seid im Saale, der eigentlich kein Saal ist, sondern beinahe schon ein Filmatelier, Herr Generaldirektor, denn fünfzehn riesenhafte Fenster sind statt der Wände da, auf daß der Käufer bei untrügerischem Tageslicht erkenne, ob keines der winzigen Steinchen pikiert ist mit einem Punkt, ob sie keep sind oder bläulichweiß oder schön silberweiß, ob sie modern geschliffen sind, als Brillanten in Form zweier Pyramiden mit gemeinsamer Basis und sechsundfünfzig Schleifflächen oder als Rosen in Form einer abgeplatteten Pyramide.

Ihr seht den Maklern zu, die auf- und abgehen oder an den Zeitungstischen Briefe schreiben oder sich aus der Loge des Sekretärs ihre Post holen, ihr werdet angesprochen und kommt in Unterhaltung und, vorausgesetzt, daß Herr Generaldirektor will, wird euch ein frühzeitig ergrauter, scheuer Mann mit rotgeränderten, tränenden Augen gezeigt, der unansehnlich durch den Saal schleicht und dessen Namen vor fünfundvierzig Jahren der meistgenannte in Europa war, Moritz Scharf, der falsche Kronzeuge im Prozeß von Tisza-Eszlar, an dem sich Semaels Sendung vollstreckte, – das interessiert sicher in Amerika, Herr Generaldirektor? (Der Alte fährt jedes Jahr nach Ungarn auf das Grab seiner Eltern, die er in den Tod getrieben, das läßt sich aber in unserem Film schwerlich verwerten.) Ja, also Charlie und Bill beobachten die Kommissionäre und die Makler, in deren Portefeuilles die Umschläge angeordnet sind wie das Besteck eines Arztes, ihr beobachtet, wie sie, an den Tischen beim Fenster sitzend, dem Käufer die Ware einzeln reichen, rohe Diamanten und Bort, den Diamantenabfall, den man zum Schleifen braucht, gespaltene und vielleicht auch geschnittene Steine.

V. Und plötzlich funkelte Bills Auge …

Plötzlich funkelt Bills Auge, Großaufnahme, statt der Pupillen ein sechsundfünfzigfach geschliffener Riesendiamant! Bills Blick ruft deinen Blick in die Ecke des Saals, dort verkauft ein eleganter Herr einem würdigen Mijnheer die Edelsteine, die ihr sucht: *„Die Brillanten der Habsburger mit dem Florentiner."*

Der würdige Mijnheer wiegt verzückt den Kopf, legt den Schatz in seine Enveloppe, faltet sie sechsfach, klebt zu, schreibt seinen Namen auf den Verschluß und gibt den Umschlag dem Verkäufer zurück, dem eleganten Herrn, der nun rasch im Börsengewühl verschwindet, – er eilt in die Telephonzelle, seinen Patron zu fragen, ob er zum angebotenen Preis abgeben darf. Da er wieder in den Saal kommt, empfängt ihn der würdige Mijnheer ungeduldig mit der Frage, Titel: „Heb ik Masl en Broche?" (Die Formel, die vom Verkäufer ausgesprochen, den Handel perfekt macht.) Der elegante Herr bleibt einen Augenblick ruhig, weidet sich an Mijnheers Aufregung und überreicht ihm dann, – Titel: Ihr habt Masl en Broche – das Cachet. An der Karatwaage schreibt der würdige Mijnheer den Wechsel aus und geht zu den Panzertresors hinab. Ihr beobachtet ihn von außen: er legt den Schatz ins Safe Nr. 211, eines der größten der vierzehnhundert Fächer, in denen das unermeßliche Diamantkapital verwahrt ist und auf dreieinhalb Millionen Pfund Sterling versichert. Die vier Buchstaben, auf die er das Schloß stellt, da er es absperrt, sind unsichtbar.

VI. Und als der Börsensaal sich geleert hatte …

Abgelaufen ist die Börsenzeit, der Saal leert sich, im Vorraum wird die neue Nummer des „Diamantblad" gekauft, das die Berichte der südafrikanischen Diamantfelder enthält und den vom Londoner Rohsyndikat festgesetzten Preis von Bort, bei Abnahme von je fünftausend Karat. Ihr versteckt euch hinter dem Pult des Optikerladens, wo Lupen, Karatwaagen, Gewichte, Gummiringe für die Portefeuilles und Pinzetten feilgeboten werden, dort wartet ihr. Aus ihren hundertzwanzig Büros fahren die Diamantaire im Paternosteraufzug herab, auch die Beamten der Inkassobank verlassen das Haus, und endlich verschließen die drei Schlüsselbewahrer den Raum, der Safedirektor, der schmächtige, verabschiedet sich, – er muß noch den Lift abstellen. In diesem Augenblick stürzt Bill sich auf ihn und ihr stoßt den Körper – geknebelt oder getötet, wie du willst, Charlie – in ein Abteil des Aufzuges, der weiterrollt …

VII. Und am selben Abend ...

Inzwischen hat die Filmdiva dem Präsidenten und dem Kassier das Geheimnis entlockt und die Schlüssel geraubt, sie klettert von der Straße aus in den Saal, was leicht ist, da er sich im Hochparterre befindet, – wie meinen Sie, Herr Generaldirektor, mindestens ins zwölfte Stockwerk muß sie emporgezogen werden? – nein, das geht nicht, das Haus hat bloß vier Stockwerke, und wir wollen ja dem Publikum kein X für ein U vormachen, wir wollen doch demonstrieren, wie sich ein Einbruch in die Amsterdamer Diamantenbörse bewerkstelligen ließe, und das Börsenpalais auf dem Weesper Plein muß als Naturaufnahme gezeigt werden.

Bill, Charlie und die Diva gehen jetzt in den Kellerraum hinab, – während der Paternoster mit dem Körper des Safedirektors unaufhaltsam weiterrollt – sie überwältigen den Wächter, der hinter dem Eisengitter vor der Tresortüre sitzt, Revolver, Hände hoch – bitte, Herr Generaldirektor, Sie wollen keine Verbrechen, der Einbruch in die Diamantenbörse soll ein vornehmer Spielfilm sein und der Wächter ein Komplize?

VIII. Und der Wächter war Piet vom Gespenstersteg, der berüchtigte Einbrecher ...

Einverstanden, der Wächter ist also ein Einbrecher und mit von der Partie, er war es auch, der die Ziffernkombination des überwältigten Safedirektors längst ausgekundschaftet hat, er stammt aus der Altstadt, die ist, besonders am Spooksteeg, der Geisterbrücke, das pittoreskeste Verbrecherviertel des Erdballs, ich wollte das eigentlich erst im fünften Akt ... nein, nein, Herr Generaldirektor, keinesfalls darf dieses Quartier im Atelier aufgebaut werden, diese Wirklichkeit läßt sich nicht übertreffen, – gewiß, Ihre Bauten in allen Ehren, aber gerade wegen dieses Spelunkenviertels habe ich ja Amsterdam gewählt und nicht Antwerpen. Warum Antwerpen sonst besser ist? Na, dort sind zwar nicht so unvergleichlich schöne Steine, weil die Amsterdamer Industrie besser ist, der Umsatz von Antwerpen ist jedoch größer, die Löhne der Schleifer brauchen ja nur in belgischen Franken gezahlt zu werden und nicht in teuren holländischen Gulden …

IX. Happy end

„Was", schreit der Generaldirektor, „das sagen Sie mir erst jetzt? Das Wichtigste! Selbstverständlich dreh ich den Film in Antwerpen, wo ich die Spesen in Franken bezahlen kann! Ich brauche Ihr Manuskript nicht, Herr Kisch, ich mache mir den Film allein. Was? Ihre Idee? Auf *Sie* haben wir gewartet mit Ihrer Idee! ! Wenn die Idee nicht in der Luft läge, würde man doch nicht solche Sicherungen in den Safes treffen. Übrigens haben Sie uns einen Film ‚Der Einbruch in die Amsterdamer Diamantenbörse' vorgeschlagen, und den machen wir nicht. Ich lehne hiermit dankend ab. Wir machen einen Film ‚Der Einbruch in die Antwerpener Diamantenbörse.' Kommen Sie, Herr Charlie!"

Spielberg –
„Gralsburg reaktionärer Willkür"

Die Kasematten des Brünner Spielbergs haben mit all ihrer Schrecknis die Inquisition lange überdauert und den Bastillensturm. Schaudernd schauten Napoleon, und, wie in „Krieg und Frieden" erzählt wird, seine russischen Gegner vor der Schlacht bei Austerlitz auf das unerbittliche Gemäuer. Börne hatte recht, als er den Spielberg „die Gralsburg reaktionärer Willkür" nannte.

Tausendjährig ist diese Feste, hundertmal umgebaut und verändert, seit hier die Fürsten des Großmährischen Reiches saßen. Jetzt umgibt ein öffentlicher Park die Zitadelle, und in ihren Wänden wohnt das Ersatzbataillon eines Infanterieregimentes, eine Feldkanonenbatterie, eine Scheinwerferkolonne, eine Brieftaubenabteilung und – ein Garnisonarrest. Zur Zeit der mährischen Wojwoden und Markgrafen mag neben der Zugbrücke die Blechtafel noch nicht verkündet haben: „Prophylaxe se nachází na zdejší strážnici", „die Prophylaxe befindet sich hier auf der Wachstube".

Über den Wall führt eine Steinbrücke, deren Brüstung fossile Kanonenkugeln schmücken, Felsen und Backsteine sind die Festungswände, aus denen Sträucher wuchern und Gras und Moos. Vom Kasernenhof aus steigt man hinab. Auf der Bank im Graben sitzt eine Bäuerin, streichelt ihren Sohn, den Rekruten; der kaut mit vollem Munde einen böhmischen Kolatschen und nestelt an dem Ranzen, den die Mutter mitgebracht hat. Die Sonne strahlt, die Tür zu den Kasematten ist offen, unvoreingenommen tritt man ein, unpräparierten Gefühls sozusagen – aber schon wird man von Grauen geschüttelt. Von den Mauern eines stockdunklen Kellers weht feuchter Moder, hernieder klatschen von den Wölbungen unaufhörlich Wassertropfen in Pfützen, zu welchen sich ihre Vorgänger bereits vereinigt haben. Ein schmaler, nasser, finsterer Gang. Hier waren sie nicht untergebracht, die Feinde des Staates, hier hätten sie gehen können, sich bewegen und miteinander sprechen, und das genügte nicht einer autoritären Energie, jenem Mut gegen Wehrlose, der die einzig verächtliche Art von Feigheit ist!

Rechts und links des üblen Korridors hatte man aus Balken und Blöcken vierunddreißig Käfige gezimmert, für je einen Häftling; dort, in einem Raum von zwei Kubikmetern, wurde er angeschmiedet, man stopfte ihm die durchlöcherte Eisenbirne in den Mund, aus deren Öffnung Pfeffer auf die Zunge des Durstigen sickerte, dort preßte man seine Finger in Daumschrauben, seine Arme in stachlige Stahlmanschetten, dort spannte man ihn auf die Geige oder zwickte ihn mit glühenden Zangen, und von der Decke fiel, wie heute, Wassertropfen auf Wassertropfen, immer auf die gleiche Körperstelle des Festgeschmiedeten, der oft nicht einmal vergebliche Schreie des Schmerzes ausstoßen konnte, da er geknebelt war.

Wer waren die grausamen Verbrecher, die man in so grausamer Haft halten mußte? *Sylvio Pellico* aus Salluzo, der mädchenhaft zarte und fromme Dichter der „Francesca di Rimini", büßte hier acht Jahre lang seinen Freiheitstraum. Hier entzündete sich unter der Eisenfessel das Knie seines elegischen Freundes *Pietro Marioncelli*, man mußte das Bein amputieren, ohne daß Leinen, Binden oder Eis die Leiden der Operation gelindert hätten. Ein zweiter Freund und Carbonaro, der junge Graf Fortunato (sic!) *Oroboni*, starb gräßlich an Blutsturz; vor den Fenstern Pellicos, dessen Zelle der seinen so nahe gewesen, bestattete man ihn. Der französische Anhänger der Cabonari Alexandre *Andryane* erlebte hier die tragischeste Tragödie des Schriftstellers: Tag und Nacht, Jahr um Jahr hatte er sein Werk über das Wesen der Menschheit geschrieben, zum Teil mit abgezapftem Blut, und als die Zelle durchsucht wurde, fand man das Manuskript und verbrannte es; sein Leben, seine Lehre, seinen Ruhm, seine Hoffnung. Ein anderer Franzose kam durch Verrat hierher, ohne einer Tat beschuldigt zu sein, die unter die österreichische Gerichtsbarkeit fiel. Jean Baptiste

Drouet hatte freilich etwas getan, was Dynastien und Monarchien furchtbar rächen: als Postmeister von Mènehould nahm er Ludwig XVI. im Sinne des erlassenen Regierungsdekrets fest und verhinderte dadurch, daß der König vom Ausland aus Frankreich in neues Unheil stürze; zum Glück Drouets war ein Abkömmling der Habsburger in den Händen des Konvents, eine Enkelin Maria Theresias, die spätere Herzogin von Angoulême, gegen die er 1795 ausgetauscht wurde.

Man tritt von Zelle zu Zelle, das Licht der mitgebrachten Karbidlampen huscht scheu über abgebröckelte, feuchte Wände, die erbarmungslos schwiegen, wenn jahrhundertelang das Wehklagen der Verzweiflung sie beschwor, die herzlos aushielten, wenn knöchern gewordene Finger sie im Wahnwitz von der Stelle zu schieben versuchten. „Freiheit willst du?" ruft der Tyrann dem Rebellen entgegen, „du sollst erfahren, daß du sie hattest!"

Und so saßen hier während des Dreißigjährigen Krieges jene Defensoren und Direktoren, denen habsburgische „Gnade" erspart hatte, geviertelt, geköpft oder gehenkt zu werden, so saßen hier die frommen Mährischen Brüder und die jüdischen Opfer des Jesuitismus, so saß hier der kaiserliche Feldzeugmeister Graf *Bonneval*, den sein Rivale Prinz Eugen einkerkern ließ, und der nach endlicher Freilassung zum sagenhaften türkischen Feldherrn Achmed-Pascha wurde, hier schmachtete in Ketten der Kreishauptmann Karl Ritter von David, der im Erbfolgekrieg gegen Maria Theresia und für Kaiser Karl VII. (den Bayern) Partei ergriffen hatte, hier endete durch Gift der tolle Pandurenobrist Franz Freiherr von Trenck, seines Vetters würdiger Vetter, so starb hier, Dank vom Haus Österreich, der Feldmarschall Georg Olivier, Graf von Wallis, so siechten hier die italienischen Autonomisten dahin, die schlanke Contessa Filanghieri, der beredte Pater Don Marco Fortini, der Markgraf Giorgio Guido Pallavicini und der Comte Frederico Confalionieri, Hochverrat, Hochverrat. Und Feinde aus dem Ausland: der königlich sächsische Hofkanzlist Menzel, der an Friedrich den Großen das Bündnis zwischen Österreich und Sachsen verraten und dadurch den Anlaß zum Siebenjährigen Krieg gegeben, der sächsische Marschall Schöning, der in vollem Einvernehmen mit seinem Kurfürsten ein Bündnis seines Landes mit Hannover und Frankreich gegen Österreich angestrebt hatte, während eines Badeaufenthaltes in Teplitz festgenommen, (ähnlich wie in Karlsbad zu Beginn des Weltkriegs der serbische Generalstabschef Putnik), und mitsamt seiner Gicht in die feuchten Höhlen des Brünner Felsens geworfen wurde.

Innere und auswärtige Politik, die Staatsminister für Justiz und die für Heerwesen, die für Kultus und Unterricht, die Kommissionen und Kammern und Prokuratoren aller Verwaltungszweige, die Herrscher mit den Beinamen „der Gütige" oder „der Glorreiche", der „Aufgeklärte Absolutismus" und die konstitutionelle Demokratie – immer, immer hieß ihre ultima ratio: Spielberg. Keine Revolution fand sich, o du mein Österreich, die diese Bastille gestürmt, ihre Wälle dem Boden gleichgemacht hätte.

Gehaßt war sie genug, und selbst uninteressanten Sträflingen, Kriminellen aus Gewinnsucht, stülpte das Volk den Glorienschein auf den Verbrecherschädel, weil sie hier saßen. Aus dem armseligen Einbrecher Babinsky machte die Folklore einen Rächer der Armen, man weinte über das Schicksal des Revierförsters Johann Anton, der angeblich unschuldig in Haft war, Volkslieder wurden auf den Schinderknecht Thomas Grasl gesungen, der doch nur ein willenloses Werkzeug seines hingerichteten Vetters Johann Georg Grasl gewesen war, den Banknotenfälscher Heinrich Henkel pries die Fama als uneigennützigen Förderer der Künste, und selbst der Fleischhauer Philipp Smutny, der sein Weib und seine drei Kinder geschlachtet hatte, um mit einer Dirne zusammenzuleben, wurde der Held eines sentimentalen Liebesromans, von dem man noch heute Exemplare in österreichischen Bauernhäusern findet.

Das Volk liebte die, die auf dem Spielberg Qualen litten,

und die Monarchen mußten wohl oder übel diesen Sympathien Rechnung tragen. Kaiser Josef II. weilte am 3. August 1783 eine Stunde lang in einer Kerkerzelle, und verkündete hernach seinem Gefolge und den Lesebüchern, er wünsche nicht, daß jemals wieder in diesem untersten Verließ ein Mensch eingekerkert werde; ein diesbezügliches schriftliches Verbot erging, aber noch fünfzig Jahre später faulten dort lebendige Leiber. Kaiser Franz ging in seiner Menschenfreundlichkeit noch weiter, er untersagte auch die Verwendung des nächsthöheren Stockwerks, ohne zu verhindern, daß während seiner ganzen Regierungszeit dort politische Häftlinge lagen. Im Jahre 1848 stopfte man die Löcher mit deutschen Studenten voll, die unter dem schwarz-rot-goldenen Banner die Vereinigung aller Deutschen erstrebten, und mit tschechischen Studenten, die die Freiheit ihres Landes wollten. Kaiser Franz Joseph verbot bald darauf die Benutzung des Spielbergs als Gefängnis, machte eine Kaserne und – einen Garnisonarrest daraus.

Trotzdem wurden in der Zeit des Weltkrieges Zivilisten und sogar Frauen hier interniert. Die unterirdischen Höhlen dienten als Museumsobjekt. Im Haus über den aufgehobenen Kasematten verblieb auch nach dem Umsturz der Garnisonarrest, in der republikanischen Aufnahmekanzlei liegt auf dem Tisch des Profossen noch immer das k. und k. Dienstbuch D 6, „Vorschriften für k. u. k. Militärgefangenenhäuser" und auf dem Kleiderhaken rechts neben der Tür hängen, wie in den furchtbaren Felsengängen des Souterrains, vier eiserne Armklammern mit Schlössern und Ketten, aber, haha, es sind keine mittelalterlichen Folterinstrumente mehr, sondern die laut § 45 des k. u. k. Dienstbuches D 6 zulässigen Armspangen.

Man ist noch zu bedrückt von dem Entsetzen der Kellerräume, von der Vorstellung an die vergangenen Greuel, um für die heutigen Häftlinge des Spielbergs das erforderliche Mitgefühl aufzubringen. Dennoch staunt man, in der Gefängnisküche kein Herdfeuer zu sehen. Wird keine Mahlzeit für die Sträflinge gekocht? Man erfährt, am Freitag nach dem Fünfzehnten jedes Monats werde laut Dienstvorschrift Fasttag gehalten, daß also an diesem Tag die jungen Menschen, denen das Essen den einzigen Genuß und mehr als eine Notwendigkeit des Körpers bedeutet, streng nach dem Wortlaut des einst k. u. k. Paragraphen Hunger leiden müssen.

Scheinbar eine Gerichtsverhandlung

Das Auditorium, diesmal durchwegs aus Frauen bestehend, zwei-, dreihundert Frauen, erhebt sich, da der Gerichtshof eintritt. An dem langen Tisch, über den ein rotes Tuch gespannt ist, nehmen der Vorsitzende, die beiden Beisitzerinnen, der Sachverständige und der Schriftführer Platz, rechts der Verteidiger, links der Staatsanwalt. Aus den Aktenstücken verliest der Vorsitzende, daß Pawel Iwanowitsch Kysselow aus dem Jaroslawer Gouvernement, neunundzwanzig Jahre alt, nicht vorbestraft, angeklagt ist, die Krankheit seiner Frau verschuldet zu haben und hierdurch auch den Tod des Kindes und den daraufhin verübten Selbstmord der Frau.

Vorgerufen wird der Angeklagte, ein schwarzhaariger Mann von hoher Statur, sorgfältig ist sein Scheitel, schräg die dunkeln Augen gegen die Schläfen gezogen, hochgeschlossen sein Mantel. P. I. Kysselow gibt ruhig seine Personalien an, aber die Lippen pressen sich, wenn er ein Wort gesprochen hat, fest zusammen, was darauf hindeutet, daß er Aufregung bemeistern will. Es treten die Zeugen ein. Die würdige Matrone, das Spitzentuch um den Kopf geknüpft: Mutter der Toten. Eine blonde, lebhafte Frau: Hausgenossin des Ehepaares Kysselow. Ein Jugendfreund des Angeklagten, sanguinischer Typ. Die Hebamme, eine Rosa Valetti mit Brille. Rechtsbelehrung wird erteilt, die Zeugen unterschreiben einzeln die Präsenzliste, sie können nach der Verhandlung, wie ihnen der Vorsitzende mitteilt, im Zimmer 26 die Zeugengebühren ausbezahlt erhalten.

„Nein," antwortet der Pawel Iwanowitsch auf die Frage, ob er sich schuldig bekenne. „Bestreiten Sie auch, daß Sie Ihre Frau infiziert haben?" – „Nein, das bestreite ich nicht. Wenn die Ärzte es sagen, wird es wohl so sein." – „Und warum haben Sie das getan?" – „Warum werde ich das getan haben?

Absichtlich werde ich das nicht getan haben, wie Sie sich denken können," erwidert der Angeklagte trotzig. Er wird zur Ordnung gerufen, er hat die Fragen nicht ironisch zu wiederholen, sondern zu beantworten. – „Wußten Sie nicht, Angeklagter, daß Sie krank sind?" – Nein, das wußte er nicht. Damals, als er sechzehn Jahre alt war, merkte er schon, daß er erkrankt sei, aber er hat nichts getan, um sich zu heilen. „Warum nicht?" – „Um zu einem Arzt zu gehen, fehlte mir das Geld, ich war Gymnasiast, und womöglich hätte mir der Doktor verordnet, wochenlang zuhause zu liegen, dann konnten die Lehrer erfahren, was los ist, und ich wäre erbarmungslos ausgeschlossen worden." – „War Ihnen nicht bekannt, daß es sich um eine leichte Infektion handelt, die sofort geheilt werden kann, jedoch, wenn man sie vernachlässigt, chronisch bleibt? Was wußten Sie über diese Krankheit?"

Der Gerichtshof, Verteidiger und Staatsanwalt, die wiederholt Zwischenfragen stellten, hatten die Krankheit nicht nur mit dem lateinischen Namen, sondern auch mit dem im Volke üblichen Ausdruck bezeichnet, und über die Art der Erwerbung, ohne Rücksicht auf den mit Frauen besetzten Saal, gleichfalls offen gesprochen, lautlos war das Publikum dem Prozeß gefolgt, aber da der Angeklagte jetzt darüber aussagt, was er von der Krankheit wußte, und hierbei drastische und vulgäre Worte gebraucht, brechen zwei, drei Frauen in hüstelndes Lachen aus. Der Vorsitzende schwingt die Glocke und verkündet, er werde im Wiederholungsfalle unnachsichtlich den Saal räumen lassen.

Man traut ihm das ohne weiteres zu, sagt er das doch, die Stirnhaut faltend, mit ernster lauter Stimme; das Auditorium zuckt zusammen, – obwohl eigentlich jeder weiß, daß, wenn das Publikum jetzt den Saal verließe, das ganze Schauspiel vorzeitig zu Ende wäre. Denn es handelt sich gar nicht um eine ernsthafte Gerichtsverhandlung, hier soll nicht Recht gesprochen, sondern Recht verbreitet und sanitäre Aufklärung gegeben werden, es ist eine „inszenierte Gerichtsverhandlung", die in Rußland jetzt allgemein übliche

Art der Aufklärungspropaganda, wir sind in einem Versammlungssaal, und die heutige Vorstellung findet für Arbeiterinnen des Bezirkes statt; das nächste Mal wird sie für Männer wiederholt. Andere Stücke des Repertoires befassen sich mit Prostitution und Kuppelei, mit Tuberkulose und dergl., und sind Paradigmen wirklich vorgekommener Gerichtsverhandlungen; ein Akt aus Brieux' „Schiffbrüchigen", nach russischen Gerichtsprotokollen adaptiert, wird gleichfalls manchmal vorgeführt. Einige der Szenen sind im Verlag des Volkskommissariats für Volksgesundheit gedruckt erschienen, die Schauspieler halten sich jedoch nicht durchaus an den Wortlaut. Alle Rollen, männliche und weibliche, werden von Ärzten des Dispensaires (des in jedem russischen Stadtbezirk eingerichteten Prophylaktoriums und Ambulatoriums gegen Ansteckung) dargestellt, nur die Hebamme, die wie Rosa Valetti mit Brille aussieht, von der Manipulantin jener Poliklinik.

Der Vorsitzende des Gerichtshofes hätte übrigens gar keine Veranlassung, den Saal zu räumen, denn die fieberhafte Aufregung schafft sich in keinem Ton mehr Luft. Die Mutter der Selbstmörderin, sichtlich noch unter dem Eindruck des Verlustes stehend, macht mit erkämpfter Fassung die Aussagen über die Liebe und die Ehe und den Tod ihrer Tochter, ihre Erregung wächst mit jedem Detail, das sie preisgeben muß, die Zwischenfragen des Verteidigers irritieren sie vollends und am Schluß stößt sie hervor, das Gericht müsse diesen Menschen einsperren, wenn es wirklich Gerechtigkeit üben wolle. Streng, doch den Schmerz der Mutter respektierend, weist der Vorsitzende sie zurecht: „Das Gericht hat immer die Gerechtigkeit zu suchen, und Sie dürfen nicht vorschreiben, was es zu tun hat. Setzen Sie sich auf die Zeugenbank." Die nächste Zeugin, die Hausgenossin und Vertraute der verstorbenen Frau Kysselow, erzählt über die Symptome vor und nach der Entbindung, von der Depression, die diese beim Tode ihres Kindes befiel, und schließlich davon, wie Frau Kysselow vom Arzt den Grund ihres Leidens erfuhr, und sich erhängte. Der Jugendfreund des Angeklagten, von der Verteidigung als Zeuge geführt, ist bemüht, im heiterem Ton Kysselow zu entlasten. Vor der Eheschließung habe Kysselow sich mit dem Zeugen beraten, ob seine Beschwerden kein Hindernis für Eheglück seien und schließlich habe er sogar fachmännischen Rat eingeholt und gehört, daß tausende Männer an ähnlichen Dingen laborieren und trotzdem gesunde Kinder haben. Allerdings muß der Zeuge zugeben (und der Angeklagte bestätigt es), der „fachmännische" Rat sei nicht von einem Arzt, sondern von einem Kurpfuscher gegeben worden, und auch das Charakterbild, das der Zeuge wider Willen entwirft, spricht nicht zu Gunsten des angeklagten Freundes. Dann kommt die Hebamme dran, die den Gerichtshof mit „Euer Hochwohlgeboren" und „Euere Vorzüglichkeit" tituliert, obschon sie energisch belehrt wird, es gäbe in Rußland nur Genossen. Der Richter und der ärztliche Experte fragen sie über Geburt und Tod des Kindes aus, der Vorsitzende teilt mit, daß gegen die Zeugin bei einer anderen Kammer desselben Gerichtes das Verfahren wegen Vernachlässigung der pflichtgemäßen Obsorge und Verletzung der Anzeigepflicht schwebt.

Schon während der ersten Zeugenaussagen hatten Frauen im Auditorium etwas auf Papierchen geschrieben und dem Schriftführer auf das Podium gereicht, der sie gelesen und diese Zettel teils dem Vorsitzenden und den Beisitzern, teils dem ärztlichen Sachverständigen, teils den Vertretern der Anklage und der Verteidigung übergeben hat. Es sind Anfragen, die sich auf die behandelte Materie beziehen, und die Beantwortung wird nun von den Gerichtsfunktionären in Fragen an die Zeugen vorbereitet und in den Gutachten, Resumées und Plaidoyers erteilt, weshalb ja das Ensemble aus Ärzten besteht.

Wenn die Reden beendet sind, die Schuldfragen verlesen, stimmt der ganze Saal ab: 1. ist der Angeklagte Pawel Iwanowitsch Kysselow schuldig, seine Frau infiziert zu haben?; 2. ist der Angeklagte schuldig, hierdurch den Tod seines Kindes herbeigeführt zu haben; 3. ist der Angeklagte schuldig, hierdurch den Selbstmord seiner Gattin herbeigeführt zu haben; 4. verdient der Angeklagte mildernde Umstände? Die überwältigende Mehrheit hebt bei den ersten drei Fragen verdammend die Hand und nur bei der vierten Frage stimmen sie zu Gunsten Pawel Iwanowitschs. (Ein Forum von Männern pflegt erfahrungsgemäß den Angeklagten bloß im ersten Punkt schuldig zu sprechen.)

Der Gerichtshof zieht sich zur Beratung zurück, der Sachverständige liest inzwischen jene Zettel vor, deren Beantwortung noch nicht im Verlaufe der Verhandlung erfolgt ist, und die oft nur in losem Zusammenhang mit dem Substrat des Prozesses stehen. In längerer Rede, durch fragende Zurufe unterbrochen, gibt er die verlangten Aufklärungen und verweist auf die Institution der Dispensaires. – Der Gerichtshof tritt ein, atemlose Spannung herrscht, da er verkündet, der Angeklagte wird unter Zubilligung mildernder Umstände zu einem Jahr Gefängnis bedingt verurteilt und hat sich unverzüglich in die Behandlung des Dispensaires zu begeben.

Langsam leert sich der Saal, auch die Mitglieder des Gerichtshofes drängen zum Ausgang. Vor Pawel Iwanowitsch Kysselow weicht alles zurück, und es besteht die Befürchtung, daß keine Patientin des Dispensaires sich von ihm behandeln lassen wird.

Die Berliner Polizei und ihre Schaustücke

Vor dem Kriege ließ der Polizeipräsident Jagow, da es galt, eine Demonstration zu verhindern, an den Straßenecken anschlagen: „Die Straße dient dem Verkehr." Eine Demonstration, wollte er damit sagen, sei nicht ein Teil des Verkehrs, und gegen Trupps von Hungerleidern werde seine Polizei vorgehen. Jagow warnte Neugierige, auf daß sie bei diesem Einschreiten nicht zu Schaden kämen.

Noske war ehrlicher. Für ihn diente die Straße nicht mehr dem Verkehr, der Verkehr konnte seiner und seiner Freunde Macht nur abträglich sein, er sperrte die Straße, die zu einer Einschränkung seines Gebietes führen konnte, einfach mit Stacheldraht und stellte weißgardistische Offiziere mit Eierhandgranaten, Maschinengewehren, Revolvern und Flinten davor. „Wer weitergeht, wird erschossen." Das war das Manifest von Ebert, Scheidemann, Noske an die neue Republik.

Wer weitergeht, wird erschossen! Auf den Pilastern, die vor den Berliner Bahnhöfen zum Besuch der Großen Berliner Polizeiausstellung einladen, sollte von Girlanden umschlungen dieses Motto stehen, die Polizei hat es sich zu eigen gemacht, bevor sie es in den stürmischen Tagen von 1918 und 1919 verkündete.

Ursprüngliche Aufgabe der Polizei war der Schutz der Gesellschaft vor Verkehrsunfällen und vor Verbrechen. Längst aber ist sie darüber hinaus zu einer Waffe geworden, angewendet wider alle, die aufzumucken wagen gegen Willkür des Unternehmers, gegen Dünkel der Bürokraten und gegen Mißbrauch der Gesetze. Die Polizei ist ausführendes Organ der Machthaber und schrankenlos wütet sie in ihrem Wirkungsbereich. Es gibt keine ethische Rechtfertigung für die Mittel, deren sie sich bedient. Auch die willfährigsten Staatsphilosophen könnten keine Entschuldigung dafür finden, daß ein Land seine Ordnung aufrecht erhält durch eine Armee von Lockspitzeln, die Verbrechen in Vorschlag bringen, um sie für acht Groschen oder für eine Belobung oder für ein Avancement ihren Auftraggebern zu melden; es kann keine sittliche Begründung dafür ausgeklügelt werden, daß Hyänen vom Schlage Haarmanns mit der Legitimation eines Detektivs den Behörden als „wertvolle Mitarbeiter" helfen; es kann nicht glaubhaft gemacht werden, man vermöge Arrestanten, von hundert Leuten bewacht (sogar im Innern des Polizeipräsidiums, wie im Falle Sylt), nur an der Flucht zu hindern, wenn man sie erschießt. Die Foltermethoden, mit denen man von politischen Häftlingen Geständnisse erpressen will, (zum Beispiel die aus dem Leipziger Tschekaprozeß bekannten „Verhöre zweiten Grades") lassen alles hinter sich, was an Instrumenten der mittelalterlichen Inquisition bei der Polizeiausstellung zu dem Zwecke vorgeführt wird, daß das Heute im Gegensatz zu den vergangenen Zeiten als human erscheine.

In Staaten, wo man Widerstand des Volkes zu fürchten hatte, kann die Polizei keine Selbstherrschaft ausüben; in England schränkt die „Habeas Corpus Acte" zugunsten der Freiheit des Staatsbürgers die Freiheit der Polizei ein, indem sie eine willkürliche Verhaftung verbietet. Gegen dieses Gesetz ist oft in der Praxis gesündigt und in der Theorie angekämpft worden, und Mirabeau hat schon vor der Großen Revolution darauf eine Antwort gegeben, die in ihrer Schärfe gegen Polizeigeist und Polizeibegeisterung gerade in den Tagen, da das Bütteltum zum Feste lädt, Aktualität besitzt. Mirabeau sagt in seinem „Aufsatz über Steckbriefe und Staatsgefängnisse":

„Wenn das alleinige Ziel der Regierung nicht darin besteht, unsere Freiheit und unser Eigentum zu gewährleisten, dann kümmert uns herzlich wenig ihre schöne Polizei, kümmern uns ebensowenig die Vorzüge einer Gesellschaft, die nur als Vorwand für all die kleinen Ungerechtigkeiten dienen und um derentwillen wir die Rechte verlieren sollen, zu deren Erhaltung und Vermehrung wir uns mit unseresgleichen zusammengeschlossen haben. Ob wir durch einen Räuberhauptmann oder durch einen Steuerpächter ausgeplündert werden, – deswegen werden wir keine größere Freiheit besitzen. Und im zweiten Falle ist die Kränkung empfindlicher, größer, weil unser Vertrauen verraten wurde, weil uns die Scham bedrückt, unseren Bedrücker bezahlen zu müssen, der von uns selbst seine Macht erhielt, weil jede Notwehr uns dann als Verbrechen verboten ist. – – Man sehe nur, wie heutzutage die Franzosen von ihren dreißig Polizeiinspektoren der Pariser Stadtviertel, von ihren fünfzig Polizeikommissaren, von ihren Hunderten von Polizeibeamten, von ihrer Unzahl Polizeispitzeln, von ihrer Legion an Polizeidienern und Hilfsdienern maßlos begeistert sind! Mit einem Wort: begeistert von einem ungeheuren Aufgebot einer höchstverwickelten, herrischen und kostspieligen Polizei, die so viele Schurken loben und so viele Narren bewundern. Dabei ist sie doch einzig und allein zu dem Zweck geschaffen worden, für die Reinigung und die Beleuchtung der Straße zu sorgen, die öffentliche Ruhe aufrecht zu erhalten und ein wachsames Auge auf die Spitzbuben zu haben. Trotzdem ist die Polizei aber eine richtige Inquisitionsbehörde geworden, der alle Bürger unterworfen sind, unter dem Vorwand, man sorge für ihre Sicherheit. Sie kostet dem Staat unermeßliche Summen, um höfische Intrigen zu fördern oder in amüsanter Weise die Neugier einiger Herrschaften zu befriedigen. Wenn man – so behaupte ich – unsere Bewunderung für die prächtigen Machenschaften der Polizei sieht, muß man beinahe glauben, man könne überhaupt nur in Paris in Ruhe und Frieden leben, überall sonst in der Welt bringe man sich gegenseitig um, oder die Bewohner gerade dieser Stadt seien eine Horde von Schwerverbrechern. Aber ganz und gar nicht! In allen Ländern der Welt, so kann man – nach Fenelon – behaupten, bilden fast alle anständigen Menschen das Volk."

Was hätte Mirabeau erst gesagt, wenn er in den Tagen der Polizei-Ausstellung nach Berlin gekommen wäre und die Stadt gesehen hätte, „begeistert von dem ungeheuren Aufgebot einer höchst verwickelten, herrischen und kostspieligen Polizei, die so viele Schurken loben und so viele Narren bewundern!" Mit den Geldsummen, die die Erhaltung der Polizeikasernen und der Polizeiheimarbeiter, der Spitzel, kostet, könnte man alle Eigentumsverbrechen in ihren Wurzeln bekämpfen, könnte man die Not, den Antrieb zu den meisten Eigentumsverbrechen, bedeutend mildern. Das hypertrophische Anwachsen der polizeilichen Institutionen, das die Ausstellung in Tabellen veranschaulicht, hat keineswegs die Zahl der Verbrechen zu verringern vermocht, im Gegenteil, die Züchtung von Denunziationen und die Schaffung überhitzter Atmosphären hat nur zur allgemeinen Unsicherheit beigetragen. Der Fortschritt der Kriminalwissenschaft, der in daktyloskopischen Registern, in Systemen der Tatbestandsphotographie, in Reformen des Steckbriefwesens und der Verbrecheralben, in Rekonstruktionen des Tatortes, in Erfindungen zur Spurensicherung, in Dressur von Polizeihunden, in Organisierung von Überfallkommandos und hundert anderen Dingen dem Publikum stolz vor Augen geführt wird, ändert nichts daran, daß weitaus der größte Teil aller Delikte unaufgeklärt bleibt.

Läßt man auch nur flüchtig die Bluttaten Revue passieren, welche in der letzten Zeit die Öffentlichkeit erregt haben, so fragt man sich, wer die Bestien waren, die den Pagen Schaepel aus dem „Café Vaterland" ermordeten, so fragt man sich, wer es war, der den Ernst Straffke in Schöneberg mit Zyankali vergiftete, so fragt man sich, wer im Tegeler Forst den Fememord an Arnold Schwenke beging, so fragt man sich, wer im Wald der schußbereiten Herren von Kähne den jungen Otto Laase erschoß, so fragt man sich, wer am Arnswalder Platz die Elisabeth Stangerski erwürgte und wer all die anderen Morde in Berlin verübte, von denen man in den Zeitungen las, ohne daß diesen Nachrichten die offizielle Siegesmeldung gefolgt wäre: „Es ist der Polizei gelungen ..." Von der Provinz ganz zu schweigen, wo Denke in Freiheit wirken konnte, während ein Unschuldiger wegen dieser Massenmorde im Zuchthaus saß, und der arme Landstreicher

Olivier in den Arrest geworfen wurde, weil er Denke beschuldigte; wo Haarmann jahrzehntelang die Achtung der Polizei genoß, wo man nicht einmal der Tiermenschen habhaft werden konnte, die die Kinder Fehse auf dem Weg zum Postamt umgebracht und den Eltern der Kinder deren Geschlechtsteile zugeschickt hatten. Diese Beispiele aus der letzten Zeit ließen sich um hunderte vermehren, und auch der Rest wäre unaufgeklärt geblieben, hätte nicht der Zufall mitgewirkt oder jemand aus der Bevölkerung die Anzeige gegen den Schuldigen erstattet.

Und schließlich werden auch, das weiß sogar das Sprichwort, nur die kleinen Diebe gehängt, und die großen laufen frei umher, trotzdem ihre Aktienbetrügereien, Inflationsschwindeleien, Beamtenbestechungen, Häuserschiebungen und Spekulationsgaunereien ziemlich unverschleiert die Presse aller Richtungen füllen. An hunderttausend Menschen wurden im Laufe der republikanischen acht Jahre in den Straßen von Hamburg, Essen, München, Leipzig und anderen Industriestädten erschossen, eingekerkert, mißhandelt, verfolgt und vernichtet.

Schon die Tatsache, daß die Polizei es wagt, sich zur Schau zu stellen, und sich als eine der Volksbegeisterung werte Einrichtung aufzuspielen, obwohl sie ein notwendiges Übel wie Abdecker oder Wanzenjäger darstellt, wäre selbst im absolutistischen Mittelalter, als Sbirren und Folterknechte herrschten, nicht möglich gewesen.

Trotz ungeheuren Kostenaufwands ist die Ausstellung von einer geradezu schamlosen geistigen Leere, was bereits allen Gästen der Vorbesichtigung klar war, wenn auch in der von den Polizeinachrichten abhängigen Presse das Lob dieser Reklamemesse gesungen wird. In der großen Halle stehen Kabinen der deutschen Staaten, geschmückt mit dem betreffenden Wappen, innen aber ist nichts zu sehen, als elegante Möbel und eine Ansicht der Landeshauptstadt. Die verblüfften Besucher fragten, was das zu bedeuten habe, und erhielten zur Antwort, das seien die Repräsentationsräume der deutschen Staaten.

Die Wiener Polizei, das hemmungsloseste Reklameunternehmen Europas, bringt außer der Photographie ihres unersättlich eitlen Präsidenten bei Abnahme einer Parade, noch einige Abbildungen von Wohltätigkeitsinstitutionen für Schutzleute, die direkt oder indirekt dem Busenfreunde Schobers, dem Kettenhändler, Kriegsgewinnler und Valutenschieber Bosel zu verdanken sind. Außerdem ist ein neues Abformungsverfahren aus buntem Wachs zu sehen, dessen Produkte ins Schaufenster eines Modengeschäftes oder eines Friseurladens gehören, aber mit Kriminalistik wenig zu tun haben.

Admiral Horthy hat darauf verzichtet, die Holzknüppel auszustellen, mit denen die ungarischen Kommunistinnen mißhandelt wurden, nachdem man sie geschändet hatte. Horthy hat darauf verzichtet, die Instrumente der Frankenfälscher vorzuführen, er begnügt sich mit Beweisstücken harmloserer Verbrechen, wie Jagdfrevel und Heiratsschwindel und zeigt die sportlichen Leistungen seiner Polizisten. Ägypten hatte seine Beteiligung an der Ausstellung zugesagt, und begeistert gab die Ausstellungsleitung im Vorhinein eine riesige Koje her. Leider kam Ägypten nur mit ein paar Photographien angerückt, und nun steht ein kleiner Ägypter weltverloren da, als hätte er sich mit seinem Guckkasten in der Wüste verirrt ... Danzig naht mit falschen Spielmarken und mit Spielertricks aus dem Kasino Zoppot, hat jedoch nicht unterlassen, einen legalen Baccaratschlitten auszustellen, um zu beweisen, daß auf diese Art gesetzlich Bauernfang und Spielschwindel in Zoppot betrieben ward. Das Präsidium Warschau exponiert im öffentlichen Teil der Ausstellung Tatbestandsaufnahmen, für deren Verbreitung eine Privatperson schwere Zuchthausstrafen zu gewärtigen hätte. Man bestaunt einen nackten Selbstmörder, in einer Schlinge hängend, von vorne aufgenommen, Detailphotographien von Kinderschändungen, Tableaus mit Mädchenmorden.

Besondere Ideenarmut macht sich in der historischen Abteilung breit. Die Polizei des Altertums ist durch die Wachsfiguren eines Cäsaren und zweier Lictoren und durch einige Fascesbündel dargestellt, was herzlich albern ist, wenn es nicht eine Huldigung für die modernen Faschisten bedeuten soll. Im Mittelalter finden wir alte Bekannte wieder: Folterinstrumente und Richtschwerter, die wir in Castans Panoptikum gruselnd betrachtet haben und die nach dessen Versteigerung in den Besitz der Polizei gelangten.

In der Abteilung „Neuzeit" ist von der Ansbacher Polizei ein Zimmer dem Andenken des armen Findlings Kaspar Hauser geweiht; man sieht seine Uhr, seine Kleider und Wäsche mit den Stichmarken des Mordinstrumentes und die ganze Literatur über diesen geheimnisvollen Unbekannten. Solcherart wäre die ganze Ausstellung zu arrangieren gewesen, ein Raum für das Attentat auf Kotzebue, einer für den Rastatter Gesandtenmord, ein paar Räume für die Demagogenverfolgungen und die Hochverratsprozesse, – und die politische und Geistesgeschichte Deutschlands hätte in polizeilichen Einzeldarstellungen erstehen können. Davon aber findet sich, außer einigen Vitrinen mit Zensurvermerken, beschlagnahmten Büchern und verbotenen Bühnenmanuskripten, nirgends eine Spur.

Die politische Polizei vereinigt in einem Rahmen Bilder vom Überfall auf Walther Rathenau; die Leute, die das Auto und die Waffen beschafft und auch sonst für den Mord und die Mörder vorgesorgt haben, fette Popogesichter mit Schmissen, haben fürchterliche Strafe erleiden müssen: zwei Monate Gefängnis, durch die Untersuchungshaft abgebüßt. Photographien von den Fememorden an Leutnant Sand, dem Bäcker Willi Legner in Elsgrund-Döberitz und einem Unbekannten aus Küstrin fehlen nicht, die Mörder des jungen Erich Pannier sind in effigie als Tableau angeordnet, doch ist die Glasplatte darüber mit schwarzen Papierstreifen derart beklebt, daß man den Beruf der Bravi nicht lesen kann – unter diesen Streifen stehen nämlich die Worte: „Hauptmann", „Oberleutnant", „Leutnant" und „Wachtmeister". Leider sind manchmal von Mördern nur die Uniformbilder zu beschaffen gewesen, und der Attentäter auf

Maximilian Harden ist mit dem studentischen Stürmer ab-
konterfeit.

Die übrigen Objekte aus dem Tätigkeitsgebiet der Politischen Polizei gelten den Kommunisten. Beschlagnahmte Literatur von Lenin, Rosa Luxemburg, Karl Liebknecht, La-
rissa Reißner und vielen anderen, Bilder vom Siegessäule-
Attentat, die Opfer des Leipziger Tschekaprozesses – ohne
den angeblichen Hauptangeklagten, den Spitzel Felix Neu-
mann.

Max Hölz ist in der Ausstellung überall zu sehen, Max
Hölz mit Vollbart, Max Hölz mit Schnurrbart, Max Hölz
glattrasiert, die rote Armbinde von Max Hölz, die Armbinde des Adjutanten von Max Hölz, – die Festnahme von
Max Hölz scheint überhaupt der Stolz der deutschen Polizei zu sein, und man vergißt, daß die Tschechoslowaken, als
sie ihn nach dem Vogtländischen Aufstand verhafteten, binnen kurzem wieder entlassen haben, indem sie ihm beschei-
nigten, er habe seine Taten nur aus politischer Überzeugung
begangen.

In der Geschlossenen Abteilung, vor deren Tür sich
Kämpfe von Einlaßheischenden entspinnen, sind vor allem
jene pornographischen Zeitschriften gesammelt, die man an
jedem Zeitungskiosk ausgehängt findet, und andere un-
züchtige Literatur, meist auf photographischem Wege ver-
größert.

Ein Salon, von einer Möbelfirma eingerichtet, – sie empfiehlt sich mit vollem Namen und Adresse den p. t. Interes-
senten – stellt die Wirkungsstätte einer Masochistin vom
Schlage der ermordeten Gräfin Strachwitz dar. Mit Ruten,
Peitschen, gespornten Damenstiefeln, Maulkörben für
Menschen und einem riesigen Nickelkäfig, in dem der zu
Peinigende nackt hochgezogen wurde. Wer den Zweck ei-
nes oder des anderen Gegenstandes nicht begreifen sollte,
kann aus einem Inventarverzeichnis von liebevoller Genau-
igkeit ersehen, Nummer 6 sei ein Keuschheitsgürtel und
Nummer 8 eine Beischlafschürze mit Stacheln. Im besetzten
Gebiet Deutschlands hatte ein Photograph seine Kundinnen

mit gespreizten Beinen auf einen hohen Schemel setzen lassen, und nicht nur deren Gesicht, sondern, mit einem auf dem Boden postierten Apparat, auch deren Körper photographiert; von seinen Bildern sind nahezu hundert ausgestellt.

An die erotischen Köstlichkeiten schließen sich verschiedene Neuerungen auf dem Gebiete des Fahndungswesens. Besonders raffiniert erdacht ist eine Lauschzelle zwischen zwei Kerkerzellen, in denen sich je ein Komplize befindet; zwischen ihnen hockt Tag und Nacht unbemerkt der Spitzel, der jedes Wort abhören kann.

In der Geheimen Abteilung sind auch die politischen Flugblätter in Mappen gesammelt. Einige fehlen, aber es wird auf einer großen Tafel verkündet: „Zahlreiche beschlagnahmte Druckschriften, insbesondere linksradikale Zersetzungsschriften zur Agitation in der Schutzpolizei und in der Reichswehr, können aus dienstlichen Gründen nicht ausgestellt werden".

Denn der politische Polizist darf niemals auf den Gedanken kommen, daß seine Gegner für eine Überzeugung kämpfen, die auf wissenschaftlicher Lehre fußt und zur Besserung der Gesellschaftsordnung bestimmt ist.

Die Polizei nimmt es gerne in Kauf, daß bei ihrer Ausstellung die Mittel zur Bekämpfung des Verbrechens viel weniger in Erscheinung treten, als die Mittel der Verbrecher selbst, und daß die Veranstaltung nicht nur zur Verherrlichung der Polizei, sondern in weit größerem Maße zur Verherrlichung des Verbrechens dient und einen Anschauungsunterricht für werdende Kriminelle bildet. Die Polizei nimmt es gerne in Kauf, daß man sich vor den rekonstruierten Tatbeständen, vor den Reliquien von Massenmördern, vor den Andenken an Kinderschändungen und vor dem Grünen Gewölbe mit der Juwelenbeute eines Fassadenkletterers berechtigt sagt, die Täter haben jahrelang, jahrzehntelang ihr Gewerbe ausgeübt, ohne erwischt worden zu sein und sind meist durch Anzeige von Komplizen, aber fast niemals durch kriminalistische Schliche und Schlauheiten ausgeforscht worden, – wenn sie überhaupt ausgeforscht wurden. Die Polizei nimmt es ja auch in Kauf, daß der denkende Mensch mit Widerwillen die Namensnennung und die Beweihräucherung von Kriminalbeamten in der Zeitung liest, die den Filmschauspielerinnen und Operettensängerinnen den Rang der Popularität ablaufen wollen.

Die Polizei nimmt all das gerne in Kauf, denn ihr gilt es nur für wichtig, von dem politischen Zweck ihrer Existenz abzulenken. An den wahrhaft ungeheuren, ziffernmäßig gar nicht zu erfassenden Spitzelapparat, der alle linksgerichteten Organisationen, alle Betriebe und alle Straßen durchsetzt, erinnert nichts in der großen Propagandaschau, nichts erinnert an die Eroberung der Russischen Handelsvertretung in Berlin, nichts an die Salven gegen unbewaffnete Versammlungsteilnehmer in Halle, nichts an die polizeiliche Beteiligung bei den „Verrätermorden" in Bayern, und selbst in der Geschlossenen Abteilung wird nicht gezeigt, in welcher Art die Karikaturisten der neuen Zeit, Künstler wie George Groß, Rudolf Schlichter, John Hartfield und Griffel der Ansicht des Volkes über die Polizei Ausdruck geben. Alles lenkt ab von dem Anblick der Verheerung, die das Häschertum im Schrifttum angerichtet.

Die Haftbefehle und Akten sollten von neuem ausgestellt werden, die gegen deutsche Dichter ausgestellt wurden, von Schubart, Kinkel und Reuter angefangen bis zu Mühsam, Toller, Fechenbach, Rolf Gärtner, es müßten die Zensurverbote exponiert sein, kein Kunstwerk blieb verschont.

Eine Ausstellung des Verbrechens wäre von kulturellem Wert, veranschaulichte sie, wie Tat und Täter im Wechsel der Zeiten Motiv der Literatur gewesen. Man müßte die Aktenreste oder wenigstens die Flugblätter zeigen, die Bischof Camus de Belley und Boccaccio zu Novellen prägten und damit das Material lieferten für Shakespeares Komödien und Tragödien, die Flut von Prozeßschriften und Edikten gegen den Roßhändler Hans Kohlhase, die Kleist zu den knappen Zeilen der besten deutschen Prosa verdichtete, die Quellen, aus denen der Parlamentsadvokat François de Pitaval protokollarische Dramen formte, Maria Stuart, die Verschwörung des Fiesco zu Genua, Wilhelm Tell, die Jungfrau von Orleans, Wallenstein und Don Carlos, Infant von Spanien; während die Franzosen die historischen Gerichtsdokumente des Totschlags ausgruben, den Stendhal zum tragischen Höhepunkt von „Rot und Schwarz" genommen, und alle Aktenstücke zu Dumas'schen, Hugo'schen, Balzac'schen und Zola'schen Romanen, ist seit Erscheinen der „Judenbuche" kein Aktenauszug über die Ermordung des Schutzjuden Söstmann-Behrens, genannt Pines gedruckt worden, ebensowenig wie man dem Substrat des „Fräulein von Scuderi" nachgegangen oder auf die Idee verfallen wäre, hier auf der Polizeiausstellung die Woyzekschen Dokumente vorzuführen.

Reliquien von Schinderhannes, Käsebier, Trenck, Kaspar Hauser, Anna Böckler, und den anderen historisch behaupteten und schriftstellerisch gestalteten Kriminalhelden müßten vorgeführt werden, die Erinnerungsstücke an Prozesse aufbewahrt sein, die den Dichtern Anlaß gaben zum Schrei nach Recht, die Verhaftung des Jean Calas, durch die Voltaire die Justiz der Welt revolutionierte, der Fall des Notars Peytel, an dem Balzac zerschellte, oder die Affäre Dreyfuß, von Zola zur Affäre des Erdballs gemacht. Hierher passen die höhnischen Denkschriften Beaumarchais' in seiner eigenen Gerichtssache, jene Mémoires, die in Zehntausenden von Exemplaren in Paris aufflatterten, und die man noch heute nicht lesen kann, ohne die Vorstellung, ihre Wirkung könnte sich anders äußern, als in einer Großen Revolution; um diese Zeit war es, daß ein Buch ganz anderer Art erschien, eine Grande Reportage des ehemaligen Advokaten Linguet, das allen aufgestapelten Haß auf ein Ziel konzentrierte: die Bastille zu erstürmen und die Opfer des Polizeigeistes zu befreien.

Idylle im Haag

Am Sonntag nachmittag (wenn es das Wetter nicht zuläßt, auf dem von valutastarken Millionären und trügerischen Nordseewellen, von fashionablen Karosserien und verwehendem Sand, von internationalen Hochstaplern und glänzenden, aber brüchigen Muscheln, von Pariser Kokotten und holländischen Fischerfrauen bevölkerten Grund und Boden von Scheveningen einen Jahrmarkt von Plundersweilen zu eröffnen), am Sonntag nachmittag ist der Besuch des Gevangenpoort für die Haager Liebespaare obligatorisch. Aus den Gesandtschaften und Konsulaten, deren im Haag mehr sind, als Staaten in der Welt, aus den Ministerien und Ämtern, deren im Haag mehr sind, als Menschen in Holland einschließlich der Kolonien, und aus den Kontoren der Handelshäuser kommen Diener und kleine Gehilfen mit Kontoristinnen und Dienstmädchen, um sich im Gevangenpoort den Genuß des Gruselns zu verschaffen.

Gleich gelangt man nicht hinein, der sonntäglichen Liebespaare gibt's im Haag viele, der Ciceroni in dem Hause gibt's wenige; oft hat man eine halbe Stunde lang vor dem Tor des Tores zu warten. Endlich eingelassen, muß man zunächst in die Vorhölle, hier ist es jedoch immerhin angenehmer als draußen, wo man nur den Vijver sieht, einen feierlichen, von Schwänen durchschwebten und von uralten Palästen umkränzten Weiher mit einer boskettierten Insel.

Ja, weit idyllischer ist es, im Innern des Gevangenpoort zu harren (während sich auf der Straße erst die übernächste Gruppe konstituiert), ist man doch in einem Wartesaal besonderer Art: an der Wand hängen Richtschwerter, blutig, scharf und rostig, ein hölzernes ist dabei, mit dem der Büttel dem Malefikanten symbolisch auf den Nacken schlug, wenn im letzten Augenblick die Begnadigung ausgesprochen ward. Gegenstück ist die Kollektion von Henkerbeilen und ein Richtblock, gut geschnitten, auf daß der arme Sünder sein Haupt darauf presse, gutwillig oder gezwungen. Die Leinenmasken des Scharfrichters und seiner Knechte. Eine Eisenstange mit graviertem Ende, das man glühend dem Sträfling in die Haut brannte. Ein Schandpfahl. Ein Block. Riesige Ketten mit riesigen Schlössern und riesigen Kugelgewichten, Hand- und Fußfesseln schmücken, angeordnet wie Girlanden, den Raum.

Das sind Werkzeuge des Strafvollzugs, und auch die des Strafprozesses fehlen nicht, die Daumschrauben, die Zangen, das Rad, die Folterbank. Ein hoher Kamin und einige Spinnräder vermöchten etwas Traulichkeit zu geben, wüßten wir nicht, daß sich an diesem Herd nur die Schergen wärmten, denn hier war das Wachtzimmer, und daß die Raspeln aus dem Spinnhause stammen, in dem die Frauen Zwangsarbeit leisteten.

Geprickelt befühlt Meisje die Schneide von Henkerbeil oder Henkerschwert, preßt den Finger in die Daumschraube, während ihr Jonge gar eine Hacke vom Pflock nimmt und ein wenig schwingt. Am Pranger ist eine Winde befestigt, mit der man den Delinquenten hob, so daß er sich auf die Fußspitzen stellen mußte, und die Kurbel läßt sich heute noch knarrend drehen. Ist das Repertoire solcher Vorspiele erschöpft, setzt man sich auf das vielfach gegliederte Prokrustesbett in der Mitte des Zimmers oder steht schäkernd umher, da es sich für keinen verlohnt, aus dem Fenster auf den Weiher hinauszusehen, über dessen olivengrünes Wassermoos Schwäne gleiten.

Schließlich kommt der Führer, erklärt die Objekte, mit denen wir gespielt, jetzt erst werden sie wahrhaft sensationell, mit jener Zange, glühend gemacht, wurden Gliedmaßen abgerissen, mit jenem Nagel blendete man den Hochverräter, so funktionierte der Mechanismus der Folterbank, (die uns eben als Sitzgelegenheit diente), daß dem Leugnenden jeder Knochen einzeln gebrochen werden konnte.

Nach diesen liebevollen Erläuterungen verlassen wir den Saal – von den am Ufer des Schwanenteiches wartenden

Menschen dürfen zwanzig (das sind: zehn andere sonntägliche Liebespaare aus dem Haag), an unsere Stelle – und wir wandern durch die blutige Vergangenheit der Niederlande, die sich aus der ziemlich selbstzufriedenen Gegenwart durchaus nicht schließen ließe.

Die Gäste des Gevangenpoort waren politische Verbrecher, wobei man selbstverständlich im Staate handeltreibender Bürger unter den Begriff der Staatsgefährlichkeit die zahlungsunfähigen Schuldner subsummierte. Allerdings sind die Namen der Schuldhäftlinge vergessen, während die Hochverräter auch der Nachwelt bekannt sind, wie zum Exempel die Brüder de Witt oder die Familie der Oldenbarnevelt, die – mag man sagen, was man will – nichts anderes gewesen sind, als unverhohlene Republikaner, Gegner des Legitimitätsprinzips. Freilich, ob Cornelius de Witt dem Prinzen Wilhelm III. nach dem Leben getrachtet, ist zweifelhaft, und vor seiner Folterbank im unterirdischen Verließ wird uns erklärt, er habe hier ausgerufen: „Mögt Ihr mir auch alle Eingeweide aus dem Körper reißen – nimmer könnt Ihr hervorholen, was nicht darinnen ist." Nach solch negativem Ergebnis der Inquisition konnte man Cornelius nicht verurteilen, und der Prinz berief seinen zweiten Todfeind, den Ratspensionär Johan de Witt, er möge den Bruder aus der Kerkerzelle abholen. Und just als beide Brüder beisammen waren, brach „Erregung einer Volksmenge" gegen sie aus, merkwürdigerweise erfuhr die „aufrührerische" Gruppe, das republikanische Brüderpaar sei im Gevangenpoort, und dieser war zufällig nicht genügend bewacht, und die Menge stürmte geradewegs ins erste Stockwerk und tötete Cornelius und Johan de Witt, dem Holland den Aufschwung seiner Seemacht verdankt, und man besudelte die Leichen und hängte sie kopfabwärts auf einen Galgen, so geschehen am 12. August 1672. Der neue Statthalter war dermaßen großmütig, keine Untersuchung über die Missetäter anzustellen und seine Nachfolger schmückten im Lauf der Jahrhunderte die Zelle mit den Bildern der Erschlagenen, mit der Büste des Johan de Witt und einem geschnitzten Eichentisch und zwei Lederstühlen, – kaum anzunehmen, erstens, daß sich schon damals bequeme Möbel im Zimmer eines zu marternden Hochverräters befanden, und zweitens, daß sie nicht zertrümmert worden wären bei diesem Bastillensturm mit umgekehrtem Vorzeichen.

Die Peripethie der Familie Oldenbarnevelt – Dingelsteds dramatisiertes „Haus der Barnevelt" – hat sich gleichfalls im Gevangenpoort und im benachbarten Binnenhof abgespielt. 1619 ließ Statthalter Moriz von Oranien den Ratspensionär Johann von Oldenbarnevelt, einen zweiundsiebzigjährigen Greis, der den zwölfjährigen Waffenstillstand mit Spanien abgeschlossen hatte, und seine Freunde, die Gelehrten Hugo Grotius und Hoogerbeets in einem Seitengemach der Ständeversammlung verhaften, Oldenbarnevelt wurde in den Gevangenpoort gesetzt, von einem parteiischen Gericht zum Tode verurteilt und im Binnenhof hingerichtet, obwohl er beteuerte, „stets aufrichtig und fromm als guter Patriot gehandelt zu haben". Seine Söhne, Wilhelm und René, versuchten ihn durch ein Attentat gegen den Statthalter zu rächen, es mißglückte, Wilhelm flüchtete, doch René erbte seines Vaters Schicksal: das Verließ im Gevangenpoort und das Schaffot im Binnenhof.

Die dunkelste der Zellen, die man zeigt, ist die des Priesters Jan de Bekker, genannt Pistorius, der Luthers Lehre nach Holland verpflanzen wollte und dieses Beginnen als Häretiker auf dem Scheiterhaufen büßte; spätere Insassen haben die Wand mit Bildern bedeckt – Gemälde, entstanden in der Finsternis, einzige Farbe der Palette: Blut. Unter dem Schutz der vollkommenen Dunkelheit brachen Gefangene fluchtlüstern einige Backsteinziegel des Gemäuers los, um schließlich erkennen zu müssen, daß hinter den Ziegeln eine drei Ellen dicke Eichenholzwand den Fingernägeln und Zähnen Hohn sprach. Die Reste der Künstler- und Freiheitssehnsucht an den Wänden können von den sonntäglichen Liebespaaren des Haag bei voller Helle beschaut werden, es gibt im Gevangenpoort längst elektrisches Licht, auch in den dunkelsten Dunkelzellen, im Schuldturm und im Gefängnislazarett mit seinen Nischen, im Hungerkerker, in den man die Gerüche aus der gegenüberliegenden Küche lenkte, im Verließ für die letzte Nacht des zum Tode Verurteilten, in der Vrouwenkamer, wo man die Frauen mit dem Haar an den Pflock band, ihnen die Brüste ausriß und nachher den Kopf schor – (was alles heutzutage nicht mehr möglich wäre), in der Zelle, in der dem Delinquenten Wasser auf den Kopf tropfte, so daß er innerhalb dreier Tage als Wahnsinniger starb, in der Gerichtsstube, wo der Angeklagte nackten Fußes über einen glühenden Rost schreiten mußte, um seine Unschuld zu beweisen, in all den zwiefach vergitterten und mit eisernen Platten ausgeschlagenen Marterstätten, die noch so wirksam sind, den sonntäglichen Liebespaaren von Haag das Gruseln besser beizubringen als das Kino.

Als wäre man entsprungen, atmet man auf, da man das Haus verläßt, vor dem schon neue Besucher begierig harren.

Friedlich schwimmen die weißen Schwäne auf dem Wasser, Autos fahren und Radfahrerinnen mit freundlichen Kniekehlen, ein zufriedener Herr geht vorbei, er ist in Begleitung einer Dame, sein Gesicht kommt uns so bekannt vor, ja, sie sprechen deutsch, woher kennt man dieses Gesicht –

das ist gleichgültig, die Gedanken kehren zurück in die Gemächer des Hauses, das die Geschichte der Niederlande birgt, wie der Tower die Englands, und diesem auch in der düsteren Anlage und seiner gegenwärtigen Bestimmung als Museum ähnlich. Die Herrscher wußten sich zu schützen und zu rächen, kein Kerker ist furchtbarer als das politische Staatsgefängnis, ob es Tower heißt oder Spielberg oder Bastille oder Engelsburg, nicht so schlimm hat es der Verbrecher, der dem Nebenmenschen nur an Leib und Gut will, der Mörder, der – –

und plötzlich erinnert man sich, wer der zufriedene Herr war, der mit der Dame ging, woher man sein Gesicht kannte:

es war Leutnant Vogel, der Mörder von Rosa Luxemburg.

Aus den Erinnerungen
eines Kriminalreporters

Ein neuer Besen, fegte ich gut durch alle Straßen, um einen Kriminalfall zu erhaschen. Keinen Taschendiebstahl meldete der Polizeibericht, den ich nicht durch ein Interview mit dem Beschädigten, durch Beschnüffelung des Tatortes und Recherchen auf eigene Hand zu einer cause célèbre auszugestalten versuchte. Nachts schlich ich in die Polizeikommissariate, hoffend, Zeuge einer aufregenden Szene zu werden oder wenigstens einen Blick auf ein sensationelles Protokoll tun zu können. Selbstverständlich drang ich nicht als Berichterstatter in die Wachstube ein, da man mir dort keine Auskunft geben durfte, – im Gegenteil, man hätte vor dem Reporter besondere Vorsicht walten lassen. Ich kam also unter Vorwänden: zum Beispiel zeigte ich in einer Nacht an sechs verschiedenen Stellen den Verlust meiner goldenen Uhr an, die ich niemals besessen. Im Sicherheitsbureau wußte man natürlich, wer ich war, und wandte alles auf, meine Aufmerksamkeit von wichtigen Fällen abzulenken. Dennoch gelang es mir, jeden Sonntag mit einem Fall, von dem die anderen Reporter keine Ahnung hatten, eine ganze Spalte zu füllen. Für die Weihnachtsnummer wollte ich etwas Sensationelles, etwas Ausführlicheres zu berichten imstande sein, aber weder in der Aufnahmskanzlei noch im daktyloskopischen Bureau, weder im Gefängnistrakt, noch im chemischen Laboratorium, wo ich unter allerhand Ausreden gierig umherstrich, ließ sich eine Nachricht erlangen. Ich war verzweifelt.

Als ich ins Zimmer des Beamten trat, der für das Fahndungsblatt Laufzettel von gestohlenen Kleinigkeiten, Steckbriefe entwichener Landstreicher, Verzeichnisse verlorener Legitimationen oder Wertpapiere zusammenstellte, wurde ihm ein Telegramm übergeben. „Das ist meine Weihnachtssensation," durchzuckte es mich, und ich bat den Beamten, mir die Depesche zu zeigen. Der tat es mit überlegenem Lächeln, denn solche Zirkulartelegramme, die an alle Polizeibehörden europäischer Hauptstädte gesandt werden, kommen täglich an und können selbst vom eifrigsten Polizeiberichterstatter nicht registriert werden. Diesmal lautete es: „nachtrag zu sechzehn körpergröße wolodarski nicht hundertfünfzig sondern hundertsechzig polizeidirektion przemysl." Das war höchst uninteressant für die Zeitungsleser und erst recht für den Reporter.

Trotzdem verlangte ich das Telegramm sechzehn zu sehen, zu dem das heutige der Nachtrag war. Im Index des Fahndungsblattes fand sich der Name Wolodarski viermal vor. Er war ein Mitglied der Einbrecherbande Wasinski, die im Sommer ins Steueramt von Przemysl eingedrungen war und fast zwanzigtausend Kronen erbeutet hatte. Im Oktober gewann sie in der Stadtkasse von Kaschau vierzehntausend Kronen durch Einbruch, einige Wochen später fielen den Geldschrankknackern die Barbestände des Olmützer Finanzamtes in die Hände. Anfangs Dezember wurden sie in Teschen im Kassenraum der Statthalterei überrascht, konnten aber – durch Revolverschüsse die Verfolger einschüchternd – mit stattlichem Raub entkommen. Der Bande gehörten außer dem Chef, dem fünfundzwanzig Jahre alten ehemaligen Eisendreher Wassili Wasinski (besondere Kennzeichen: Daumen und Zeigefinger der linken Hand fehlen), folgende Mitglieder an: der ehemalige Schmied und Wanderathlet Franz Adamski, dreißig Jahre alt, ein Meter zweiundneunzig groß, Pockennarben im Gesicht, (Tätowierung auf rechtem Oberarm, darstellend zwei Hanteln und ein Herz mit dem Namen „Wanda"), der etwa zweiundzwanzigjährige Handelsangestellte Bernhard Brünner, schwarzes oder dunkelbraunes Schnurrbärtchen, abstehende Ohren, der sechzehnjährige Gelegenheitsarbeiter Paul Szafranski, drei oder vier unbekannte Männer und jener Wladimir Wolodarski, dem die Nachtragsdepesche galt. Seltsamerweise hatte keiner dieser erfolgreichen Verbrecher eine Vorstrafe, Wasinski war aus dem Untersuchungsgefängnis in der Ulica

Batorego geflüchtet, eine vom Bezirksgericht Strij gegen Adamski wegen Raufhandels verhängte achttägige Arreststrafe lag schon elf Jahre zurück, und von den anderen wußte man nicht einmal die genauen Personalien.

Über ihre Einbrüche war in den auswärtigen Zeitungen bestenfalls in kurzen Meldungen berichtet worden, es waren Lokalfälle aus Polen und von der polnischen Grenze, – ich aber mußte einen Prager Lokalfall haben und entschloß mich daher, die polnische Verbrecherkolonne in Prag eintreffen zu lassen, – wenigstens gerüchtweise.

Die Zeitungen von Przemysl, Kaschau, Olmütz und Teschen, in denen die Notizen über die Amtseinbrüche standen, waren mit einiger Mühe und drei- bis vierstündigem Zeitverlust beschafft, und mein Weihnachtsartikel konnte geschrieben werden.

„Einbruchsdiebstähle in öffentliche Ämter – Die Wasinskibande in Prag eingetroffen". Die Delikte, die Schauplätze, die Beute, die Technik und die Personalien der Täter schilderte ich ausführlich und wies nach: der Trupp, von Przemysl über Kaschau nach Olmütz und Teschen kommend, könne als nächste Station nur Prag gewählt haben. Ich behauptete, es seien bereits Anzeichen ihrer Ankunft vorhanden. „Da Wasinski und seine Leute", so schloß mein Artikel, „gewiß die Stille des Weihnachtsabends zur Ausführung eines großen Coups benützen und gegebenenfalls vor einer Bluttat nicht zurückschrecken, werden die Prager Detektive heute keine Weihnachtsruhe halten können".

Durch diese mehr als kühne Voraussage war örtlich und räumlich die Begründung für Größe und Aufmachung des Sensationsartikels gegeben, auf solche Weise war er die ersehnte Lokalaktualität. Die Weinnachtsnummer der Zeitung mit meinem Vorbericht war fertig, Setzer und Drucker verließen um sechs Uhr das Zeitungsgebäude, um den Heiligen Abend im Kreise der Ihren zu verbringen. Am nächsten Tage wurde das Blatt den Lesern zugestellt, in dem die Prophezeiung für gestern abend stand ...

Inzwischen ereignete sich folgendes: Eine Familie, in der Nähe des Hauptpostamtes wohnend, hatte gegen acht Uhr abends das Dienstmädchen um Wein in den Keller geschickt; die Magd vernahm unten Axtschläge, die ihr am Weihnachtsabend besonders verdächtig vorkommen mußten, und sie alarmierte die Hausbewohner. Als diese jedoch in den Keller einzudringen versuchten, knallten ihnen Schüsse entgegen, man eilte auf die Straße, die Polizei zu verständigen, und sah aus dem Nachbarhaus einige Männer herausstürzen, die Flüchtenden wandten sich um, schossen gegen ihre Verfolger und verletzten vier Passanten. Der dienstfreie Gefängnisaufseher Kautsky ergriff einen der Fliehenden, dieser jedoch streckte ihn im gleichen Augenblick mit einer Revolverkugel nieder und verschwand im Neubau eines Eckhauses. Einer seiner Komplizen, ein Hüne, stolperte, stürzte zu Boden, – bevor er sich aufzurichten vermochte, hatten sechs Männer seine Arme und Beine umklammert, und es gelang ihnen, ihn festzuhalten, bis Polizei eintraf und ihm Handschellen anlegte. Alle anderen waren entflohen.

Als ich am Tatort ankam, lag Gefängnisaufseher Kautsky auf einer Bahre, er atmete noch, jedoch die Ärzte erkannten, daß keine Hilfe mehr möglich sei. Die vier Verletzten wurden verbunden. Aus den Fenstern der Wohnungen, in denen Christbäume brannten, schauten erschreckte Menschen. Der Neubau war von hunderten Neugierigen umstellt, – Kommissäre, Schutzleute und Polizeihunde suchten alle Gerüste ab, alle Aufzüge, alle Ziegel- und Bretterhaufen. Das Haus, in dessen Keller die Verbrecher gearbeitet hatten, wurde gleichfalls vergeblich durchforscht; man konstatierte nur, daß sie die Kellerwände der Nachbarhäuser durchbrochen hatten, um im Falle einer Entdeckung nach zwei Seiten flüchten zu können; auch die Seitenmauer des Postgebäudes war durchlöchert und der Weg zum Kassenraum bereits frei. Dort, wo viermalhunderttausend Kronen in bar und Postwertzeichen für etwa eine halbe Million Kronen erlagen, hatten die Einbrecher während der drei Weihnachtsfeiertage ihr Werk tun wollen.

Der gestolperte und festgenommene Mann war auf die Wachstube gebracht worden. Neben dem Weihnachtsbaum, dessen Lichter man verlöscht hatte, hockte er wie ein überlisteter Riese aus dem Märchen hilflos da, als ich unbeachtet eintrat. In allen Sprachen redete man auf ihn ein, denn man wußte aus den unverständlichen Worten, die sich die Verbrecher auf der Flucht zugerufen hatten, daß es sich um Ausländer handle. Die Beamten wandten ihre Kenntnis spanischer, italienischer und französischer Brocken auf, um Fragen zu stellen, aber der pockennarbige, flachstirnige Hüne schaute teilnahmslos ins Leere, mit gefesselten Füßen saß er in der Mitte des Zimmers, den Rücken an die Stuhllehne gepreßt, den Kopf steif emporgereckt, die Hände mit einer Spange vor dem Bauch aneinandergeschlossen. Ein Dorfathlet!

Sofort war mir klar, daß es einer der Bande war, mit deren Personalien und Tätigkeit ich mich in den letzten Tagen so intensiv beschäftigt hatte, und ich wußte auch welcher. Hinter ihm und dem Christbaum stehend, verhielt ich mich vorerst ruhig. Da jedoch die Polizei nicht ahnte, mit wem sie es zu tun hatte, rief ich halblaut: „Adamski".

Im selben Augenblick vernahm man das laute Klirren aneinanderschlagenden Metalls, die Beamten sprangen teils erschreckt zurück, teils auf den Giganten zu, um ihn am Arm zu fassen, denn sie dachten nichts anderes, als daß er seine Fesseln gesprengt habe. Aber er hatte sich nur jäh umgewandt, da er seinen Namen nennen hörte. Was also hatte so unheimlich geklungen? Die Polizisten tasteten ihn nun gründlich ab, und entdeckten nicht weniger als sechs, je ein Meter lange Stäbe, die er auf den Rücken geschnallt trug; an dem einen war eine ungeheure Stahlschere befestigt, die Stöcke ließen sich ineinander schrauben, so daß die Hebellänge dieser Schere sechs Meter betragen hätte. Eine Maulstange von solcher Länge, deren Handhabung eine ganze Reihe von Männern erforderte, war noch niemals bei Einbrechern gefunden worden, selbst Papacosta, der König der modernen Einbruchstechnik, arbeitete mit einer Maulstange von nur zweieinhalb Metern.

Mitten in der Besichtigung fiel dem Polizeichef ein: warum war eigentlich der Mann so erschrocken? Warum hatte er diese verräterische Bewegung gemacht? Ein Wort war hinter seinem Rücken gesprochen worden.

„Was haben Sie gerufen?" wandte man sich an mich.

„Ich habe seinen Namen genannt ."

„Seinen Namen? Welchen Namen? Wieso wissen Sie seinen Namen?"

„Der Mann heißt Franz Adamski, ist ein Meter zweiundneunzig groß, dreißig Jahre alt, gewesener Schmied und Wanderathlet aus Zloczow und gehört der Einbrecherbande Wassili Wasinskis an." – Ein Kommissar fragte den Gefesselten: „Franz Adamski?" Der engstirnige Riese schaute ins Leere. „Tlupa Wasinski?" Er blieb stumm. Ich wies auf den Oberarm: „Wanda?" Er zuckte bei Nennung dieses Namens zusammen und riß die Augen fassungslosdrohend gegen mich auf. Man löste die Handschellen, (an deren Stelle traten mindestens zwölf Polizeihände) und entblößte seinen Arm: zwei gekreuzte Hanteln und ein flammendes Herz mit dem Worte „Wanda". Jedoch Adamski gab auch auf weitere Fragen keine Antwort. Umsomehr drang man in mich. Ich sagte alles, was ich wußte, – der Protokollführer konnte kaum nachkommen, – darunter die Decknamen, unter denen der Chef der Geldschrankknacker in Przemysl, Kaschau und Olmütz gemeldet war. Im Nu stoben die Detektive in alle Richtungen der Stadt.

Ich eilte in die Redaktion, um für den nächsten Vormittag ein Extrablatt vorzubereiten: „Der angekündigte Amtseinbruch in der Weihnachtsnacht – Die Bluttat Wasinskis wirklich verübt", setzte ich selbstbewußt als Überschrift. „Da Wasinski und seine Leute gewiß die Stille des Weihnachtsabends zur Ausführung eines großen Coups benützen und gegebenenfalls vor einer Bluttat nicht zurückschrecken, werden die Prager Detektive heute keine Weihnachtsruhe halten können. Das haben wir gestern geschrieben. Unsere Voraussage hat sich wörtlich erfüllt. Die

Prager Detektive konnten keine Weihnachtsruhe halten. Sie forschen nach der Bande des Totschlägers, von der nur einer in Haft ist ..."

Das Meldeamt der Polizei wurde noch in der Nacht nach den Namen durchsucht, die ich den polnischen und mährischen Zeitungen entnommen und heute zu Protokoll gegeben hatte. Vergeblich. Der Einbrecherführer war diesmal überhaupt nicht gemeldet und erst am nächsten Tage kam der Besitzer eines Zinshauses auf die Polizei, um anzugeben, ein Ingenieur Stanislaus Elsnerowicz (auf diesen Namen lautete, wie ich veröffentlicht hatte, eines der Legitimationspapiere von Wasinski), habe vor einer Woche Bureau und Wohnräume im Erdgeschoß seines Hauses provisorisch gemietet; die Beschreibung des Totschlägers passe auf Elsnerowicz. In der Wohnung fand sich keine Spur der Inhaber mehr vor. Sie waren bereits abgereist, und nur durch Zufall erfuhr man, wohin. Ein Hausbewohner hatte ihnen nämlich vier Tage vorher, um halb zwölf Uhr vormittags den Weg zum nächsten Telegraphenamt gewiesen. Dort konnte man feststellen, ein zu dieser Stunde in schlechtem Deutsch aufgegebenes Telegramm sei an einen Czernowitzer Kaufmann gerichtet gewesen und kündigte dem Adressaten an, daß der Absender, der sich „Fritz" nannte, ihn gleich nach den Feiertagen „mit Frau und Tochter" besuchen werde. Die Polizei in Czernowitz wurde nun davon benachrichtigt, sie umzingelte das Haus und zwanzig Mann nahmen den Einbrecherkönig und fünf seiner Leute fest.

Zu diesem Resultat hatte ich durch Zufall und freche Kombination beigetragen. Aber im Sicherheitsbureau glaubte man mir weder den Zufall, noch die Kombination und war von diesem Tage an doppelt mißtrauisch. Selbst eines der gewöhnlichen Telegramme, enthaltend die Ergänzung zu einer Nummer des Fahndungsblattes, hätte man mir nie mehr gezeigt.

Nachwort

„Geradezu ein Golfstrom von Kriminalien ist es, der durch den Ozean der Literatur fließt" – so Egon Erwin Kisch Mitte der zwanziger Jahre, in der Ullstein-Zeitung „Berliner Montagspost", in ihrer Beilage „Der Kriminalist. Mitteilungen über Polizeiwissenschaft". Hatte er da im Auge, was man „schöne Literatur" nannte? Kisch wußte, aus der Art seiner Lektüre und der eigenen Arbeit, von der großen Rolle der Kriminalia in dieser Literatur, und er bestand darauf, dies auch offenzulegen: Der „Entwicklungsprozeß vom Rohstoff zum Kunstwerk" schien ihm gerade auf diesem Felde von literarischen Quellen abgreifbar, seine Untersuchung aussagekräftiger als „langatmige philosophische Exkurse". Eine Ästhetik deutete sich hier an, die sich gegen kanonische Kunstansichten richtete, gegen das Absolutsetzen phantastischer Fiktion, und die sehr bestimmt darauf weisen wollte, wie produktiv die Aufnahme konkreter Wirklichkeit für die künstlerische Imagination sein konnte. Mit Genugtuung schaute Kisch nach Frankreich, wo eine ganze Schule bemüht war, monographisch und nach den Akten die Rechtsfälle darzustellen, die Romanen Balzacs, Stendhals, Flauberts zugrunde lagen, oder wo man sich daran gemacht hatte, die Methoden der erfundenen Detektive bei Edgar Allan Poe oder Conan Doyle mit der wirklichen Polizeipraxis zu vergleichen; und ärgerlich sah er nach Deutschland, wo es noch wenig Publikationen vergleichbarer Art gab, obwohl doch auch hier, wie an den „Räubern", dem „Michael Kohlhaas", der „Judenbuche" leicht abzulesen, poetische Literatur den Ereignissen des Rechts- und Unrechtsgeschehens nah sein konnte.

Aber Kischs Interesse ging hinaus über Kunst, von der man mit weihevoll erhobener Stimme sprechen wollte. Redete er vom Golfstrom der Kriminalia im literarischen Le-

ben, bezog er sich auch und besonders auf markiert doku-
mentarische Literatur, auf die Bedeutung, die gerade der
Stoffbereich von Verbrechen und Justiz in ihrem Entstehen
erhalten hatte, auf ihr Anschwellen, das die Regulierungen
wieder einzureißen sich anschickte, die eine auf Kunstauto-
nomie bestehende Ästhetik eingerichtet hatte, die Grenzen
zwischen schöner und nicht schöner Literatur, welche von
den Medien und den Lesern sowieso niemals recht mitvoll-
zogen worden waren. In seiner „Jahresschau" vom Dezember 1925, dem Artikel „Kriminalistische Belletristik", wollte
Kisch zeigen, daß dieser Strom auch in Deutschland längst
mächtig geworden war. Er beschrieb seine Breite auf dem
zeitgenössischen Büchermarkt, die Vielfalt und Menge der
„Prozeßberichte, Henkermemoiren, Gefängniserlebnisse,
Schilderungen aus den Strafkolonien, Polizeigreuel", die da
vorkamen. Und in diesen literarischen Wogen lenkte er zugleich den Blick auf Einzelnes, das ihm wichtig war. Aus
dem Ausland Herantreibendes wurde beobachtet: Albert
Londres Berichte zu den französischen Bagnostationen
etwa; die amüsanten Satiren zu Praktiken der französischen
Justiz von Henri Béraud; Oscar Wildes Zuchthausbekennt-
nisse „Epistola in carcere et vinculis", die englisch noch gar
nicht erschienen waren. Und Inländisches, Schriften mit
scharf divergierenden Wirklichkeitssichten: die Nacherzäh-
lungen der „Schicksale und Abenteuer" des Freikorps-
Chefs und Kapp-Putschisten Hermann Ehrhardt etwa auf
der einen Seite und auf der anderen das „Schwalbenbuch"
Ernst Tollers oder die „Bilder aus dem Zuchthaus", die Felix
Fechenbach, der ehemalige Sekretär Kurt Eisners, mit seinem Buch „Im Hause der Freudlosen" gegeben hatte. Besonders bemerkenswert aber schienen die Serien von Büchern zu berühmten Verbrechen aus der Vergangenheit und
Gegenwart, mit denen mehrere Verlage zu dieser Zeit auf-
warteten. Sie waren geeignet, die Strömung zu verdeutlichen, die Kisch vorzeigen wollte. So die Reihe des Münche-
ner Beck-Verlages „Stern und Unstern" (mit Schilderungen
der Fälle von Karl Sand z. B., von Kaspar Hauser), die des

Wiener Ricola-Verlages „Aus den Archiven des Grauen Hauses" (die, herausgegeben von Gerichtsfunktionären, Wiener Straffällen gewidmet war), vor allem die des Berliner Verlages „Die Schmiede", die Rudolf Leonhard unter dem Titel „Außenseiter der Gesellschaft. Die Verbrechen der Gegenwart" veröffentlicht hatte. Kisch, der selbst an dem Unternehmen beteiligt war, hatte durchaus auch Einwände gegen diese von „Literaten", „modernen Schriftstellern" – von A. Döblin, E. Weiß, Th. Lessing, K. Otten, A. Holitscher, L. Lania, K. Kersten u. a. – bestrittene Reihe. In sozialer und politischer Hinsicht nicht repräsentativ genug schien ihm die Auswahl der Beispiele; für problematisch hielt er die Neigung, bei der „Darstellung des Exzesses" nicht „Zurückhaltung und Nüchternheit", sondern „exzessive Einfühlung" vorwalten zu lassen; kritisch sah er auf Diskrepanzen unter den Schreibweisen und Gesellschaftsbildern – und er meinte so, ein wenig noch im Banne der alten Ästhetik, konstatieren zu können, „daß die neue Richtung, die einer künstlerisch wertvollen Kriminalliteratur, noch nicht ihre Form gefunden" hätte. Doch spendete er im Vergleich zu Früherem und anderem Gegenwärtigen zugleich hohes Lob, nicht nur in Hinblick auf den „zeitgeschichtlichen Wert" der Reihe: „Jeder Band behandelt eine ‚Cause célèbre' unserer Zeit [...] Die Form, die Komposition, und die psychologische Durchdringung heben diese Darstellungen über alles hinaus, was bisher an pitavalesken Werken erschienen ist". Ein Prozeß wurde beobachtet, das Sichfortbilden eines neuen Typs von Literatur.

„Cause célèbre", „pitavaleske Werke"? In die Mitte der zwanziger Jahre fiel ein kleines Jubiläum, der zweihundertste Geburtstag des „Pitaval". Es war gewiß kein Zufall, daß gerade Egon Erwin Kisch in einem Gedenkartikel daran erinnerte. Seit langem reizte ihn die Sammlung des Francois Gayot de Pitaval, die „Causes célèbres et intéressantes avec les jugements qui les ont décidées", die „Berühmten und interessanten Fälle mit den Urteilssprüchen, die sie entschieden" – ein Werk, dessen erster Band 1734 erschienen war, das mit seiner Art der penibel aus Gerichtsakten erarbeiteten Darstellungen gleich großen Erfolg hatte, bald vorbildhaft wurde und dessen Verfasser einer ganzen Buchsorte, bis in unser Jahrhundert hinein, den Namen gab. Vielleicht war Kischs Interesse schon in der Zeit vor dem Krieg geweckt, da er als junger Lokalreporter in Prag immer wieder auf den Lebensbereich von Verbrechen und Polizei gestoßen wurde. „Ein neuer Besen," schreibt er später, „fegte ich gut durch alle Straßen, um einen Kriminalfall zu erhaschen. Keinen Taschendiebstahl meldete der Polizeibericht, den ich nicht durch ein Interview mit den Beschädigten, durch Beschnüffelung des Tatorts und Recherchen auf eigene Hand zu einer cause célèbre auszugestalten suchte" – der selbstironische Rückblick ordnete ihn der üblichen Lokalreportage zu und rückte ihn, mit dem Hinweis auf das Titelschlagwort des klassischen „Pitaval", zugleich aus diesem Rahmen. Sicher läßt sich das Interesse aber im Berlin der zwanziger Jahre ausmachen, da Kisch seine längst begonnenen „Reportergänge vergangenheitswärts" stärker in den Bereich des Kriminalgeschehens ausdehnte und da er auch ständiger Mitarbeiter der „Kriminalist"-Beilage der „Berliner Montagspost" wurde. Sein Jubiläumsbeitrag zu Pitaval erschien hier, wo er dann zwischen 1925 und 1928 in der Fülle von über fünfzig Beiträgen viele der Skizzen veröffentlichte, die später, oft überarbeitet, verändert und erweitert, in seinen „Prager Pitaval" eingingen. Mit dem Titel erinnerte das Buch von 1931 ausdrücklich an die Tradition, in die sich Kisch mit diesen Schriften stellen wollte. Er hatte das Werk ihres Anfangs übrigens seit einiger Zeit in seinem Besitz. Mit listigem Stolz erzählt er, wie es ihm gelungen sei, einem Berliner Antiquar die zwanzigbändige Originalausgabe für 40 Mark abzuluchsen. Sie wurde ein Glanzstück seiner von Freunden gerühmten, nicht wenige Schriften der Kriminalliteratur umfassenden Bibliothek. Deren viertausend Bände wohlverpackt aus Hitlers Reich herauszubringen war Ende Januar 1933 eines der Motive Kischs, wieder nach Berlin zu kommen, eine Visite zu wagen, deren Gefährlichkeit sich schnell erwies: er wurde in der Nacht des Reichstagsbrandes in die Untersuchungshaft der Festung Spandau verschleppt. Nach der Abschiebung in die Tschechoslowakei konnte Kisch so, als einer der ersten, durch einen Kerkerreport neuer Art, die Welt vom Inneren der Gefängnisse des Naziterrors in Kenntnis setzen. Die Bibliothek wurde in vierzig Kisten nach Prag gerettet. Daß dort, im Verlauf der späteren schwierigen Zeit der Inhalt dieser Kisten, vielleicht durch Gleichgültige, vielleicht durch Marodeure, verstreut wurde, bedeutet einen großen Verlust. Bücher haben ihre Schicksale, und es zeigt sich an Kischs Fall, daß es nicht selten Schicksale sind, die ihnen die großen Verbrechen der Geschichte bereiten.

Ist von Pitaval die Rede, erwähnt Kisch oft auch Friedrich Schiller, der eine Vorrede zu der von ihm herausgegebenen zweiten deutschen Übersetzung des klassischen Werkes geschrieben hatte, und mitunter sehr ausdrücklich den Titel dieser Edition von 1792: „Merkwürdige Rechtsfälle als ein Beitrag zur Geschichte der Menschheit". Kisch sah sein eigenes Interesse an Kriminalfällen hier gut ausgedrückt, und er berief sich auf den Früheren, wenn er es näher begründen wollte – auf die Idee, man habe den im Pitavalesken zu findenden Reichtum, die Mannigfaltigkeit der Gegenstände, das Interesse an der Handlung, die Wirkung des Ganzen, dem des Romans gleichzustellen und zu beachten, daß die aktenmäßige Darstellung von Verbrechen und Gerichtsfällen den Vorzug der historischen Wahrheit erhalten kann, daß sie das geheime Spiel der Leidenschaften, das Innerste der Gedanken, die versteckten Gewebe der Bosheit, die Machinationen des Betrugs zu offenbaren und so neben Rechtskenntnissen „Menschenkenntnis und Menschenbehandlung" zu vermitteln vermag. Das Wissen, daß diese Apologie oft nur dazu benutzt worden war, „romantischblutrünstigen Büchern als literarisches Mäntelchen" zu dienen, störte Kisch ebensowenig wie das Wissen, daß man schon dem Pitaval den Vorwurf gemacht hatte, er schreibe, gegen alle anderen Ansprüche, um dem Sensationsbedürfnis

seiner Leser zu schmeicheln, und nur dies habe den Massen-
absatz und Fortsetzungserfolg der Causes célèbres bewirkt.
Kisch wollte durchaus etwas geben, was unterhaltend und
für eilige Leser der Moderne geeignet sein konnte. Ebenso
wenig, wie er die Grenze zwischen hoch oder niedrig zu
schätzender Literatur nicht an der Stelle einer scharf zu den-
kenden Differenz von Stoffverarbeitung und Stoffvernich-
tung sah, setzte er sie nicht an der Stelle einer schroff vor-
stellbaren Scheidung von Kunst und Divertissement – ent-
scheidend war ihm in jedem Fall der Beitrag zu
Formempfinden, Weltkenntnis und Handlungsanregung,
der von vielgestaltigen literarischen Gefügen gegeben oder
ausgeschlagen werden kann.

Für die Pitaval-Reihe „Außenseiter der Gesellschaft" im
Verlag „Die Schmiede" hatte Kisch 1924 das zweite der ins-
gesamt vierzehn Bücher geliefert, eine Zusammenfasssung
seiner Studien zum „Fall des Generalstabschef Redl" – man
kennt inzwischen den Stoff, der mehrfach verfilmt worden
ist. Das Hinwirken des Verlages auf eine sozial engagierte
Literatur, auf Darstellungen, die konkrete Gegenwart prä-
sentierten, gesellschaftliche Krisenpunkte verdeutlichten,
am Einzelfall spürbar gewordene Konflikte soziologischer
Analyse unterzogen – das konnte Kisch wohl anziehen. So
war er auch bereit, bei der Wiederaufnahme des Versuchs
mitzuwirken, durch eine Serie Verfahren zu fördern, die im
zeitgenössischen Kunstdiskurs als die einer „Neuen Sachlichkeit" identifiziert wurden (und deren hervorgehobene
Rolle im Editionsprogramm die damalige Literaturkritik
veranlassen konnte, dem Verlag ein „fast amerikanisches
Gesicht" zuzurechnen). Das „Kriminalistische Reisebuch"
erschien als erster Band der neuen Reihe „Berichte aus der
Wirklichkeit", die in der „Schmiede" 1927 von Eduard
Trautner herausgegeben wurde. Ihm folgten Bücher mit
Problemsichten auf damals charakteristisch neue und bis
heute nicht versunkene Gegenstände literarischer Aufmerksamkeit, auf Informationsindustrie, Drogen, Homosexuali-
tät, Religion und Judentum – Leo Lanias „Indeta, die Fabrik

der Nachrichten" wurde hier veröffentlicht, „Alkohol-schmuggler" von Pierre Mac Orlan, „Juden auf Wander-schaft" von Joseph Roth, von Hans Siemsen „Verbotene Liebe. Briefe eines Unbekannten" und „Gott, Gegenwart und Kokain", ein Buch, das der Herausgeber beisteuerte.

Ein Hauptwerk Kischs liegt im „Kriminalistischen Reise-buch" nicht vor – die Skizzen waren oder wurden in ihrer Mehrzahl, zum Teil bearbeitet und unter neuen Titeln, Be-standteile anderer Bücher: „Das Humanistengrab im Ar-rest", „Eine Frau harrt des Mörders", „Aus den Erinnerun-gen eines Kriminalreporters" gingen später in den „Prager Pitaval" ein; „Moskauer Frauengefängnis", „Rußlands schwerster Kerker: Lefortowo", „Prozeß über historische Prozesse" und „Scheinbar eine Gerichtsverhandlung" lie-ßen sich aber schon 1927 auch in dem Buch „Zaren, Popen, Bolschewiken" lesen; „Vor dem Kadi und vor dem Strafsenat in Algier" und „Die Berliner Polizei und ihre Schaustücke" im gleichen Jahr auch in „Wagnisse in aller Welt". Das Buch weist so vor allem auf die Lust des Autors, an den wichtigen, trendsetzenden Verlagsunternehmungen der „Schmiede" mitzuwirken, und auf das Bestreben des Hauses, sich zu sei-ner Profilierung des Namens von Egon Erwin Kisch zu ver-sichern. Es weist zugleich aber doch, und gerade mit dem, was der Titel sagt, auf einen Wesenszug der Arbeit des Re-porters: Der prägte sich in den wiederholten Aufmerksam-keiten aus, die Kisch schon früh, im Prag des Vorkriegs, während des Krieges und im Nachkriegs-Wien, auf die Orte gelenkt hatten, die mit dem Stichwort „Kriminalistisches" nur sehr ungefähr aufgerufen sind, auf die Orte der outcasts, Prostituierten, Zuhälter, Einbrecher und Mörder, der Ge-heimagenten, Spitzel, Richter und Henker, auf die Orte des-sen, was menschliche Natur, und dessen, was die bürgerliche Gesellschaft als Verbrechen ansieht, auf die Orte der Polizei und Justiz als Ordnungs- und als Unterdrückungsmächten, der Rechtsprechung und des Rechtsbruchs, des sozialen oder politischen Widerstands und seiner Verfolgung. Und er bildete sich nach all den dabei gewonnenen Erfahrungen seit

Anfang der zwanziger Jahre in dem Prinzip fort, bei Beobachtungskomplexen und Reportagefahrten immer auch einen Blick auf Kriminalität und Kriminalitätsbestrafung, Polizei, Gerichte und Gefängnisse zu werfen und Berichte über das so Gesehene und Studierte, über den für das gesellschaftliche Getriebe aufschlußreichen Bereich zu einem Standardteil der Bücher zu machen. Das „Kriminalistische Reisebuch" gibt Ausschnitte beider Schaffensphasen; Korrespondenzaufträge in Berlin zunächst und dann Fahrten in die Niederlande, nach Rußland, Frankreich, Algier waren die Anstöße für die aufgenommenen Reportagen aus der jüngeren Zeit. Das Prinzip wird sich auch später bewähren, Skizzen aus dem Umkreis der Kriminalia finden sich in den folgenden Reisebüchern Kischs immer wieder ein. Wollte man aus seinem Gesamtwerk ein neues „Kriminalistisches Reisebuch" filtern – es ergäbe sich ein Band, der sehr viel umfangreicher als der vorliegende sein müßte.

„In den Kasematten von Spandau", der Bericht vom am eigenen Leibe erfahrenen Naziterror 1933, und „Weg zu den Antipoden" von 1937, der Bericht über das den Reporter selbst Betreffende bei einer Fahrt nach Australien, über Einreiseverbot, Haftaufenthalt auf dem Schiff und dem Festland, Gerichtsverfahren, würden hervorragende Stücke einer solchen neuen Sammlung bilden. Sie könnten verdeutlichen, wie stark Autobiographisches in die Kriminalia einging, die auch im Werk Kischs einen Strom bilden. Dieses Herauswachsen aus dem selbst in der Zeit Erlittenen zeigen die Skizzen des „Kriminalistischen Reisebuchs" meist nur in versteckterer Form. Es fällt auf, daß Zentralbereiche der in der Gegenwart wichtigen eigenen Kämpfe mit den Rechts- und Unrechtsmaschinen hier nicht zum Gegenstand werden – nicht Kischs Mitarbeit in der „Roten Hilfe", einer „humanitären Organisation", wie er andernorts schreibt, die sich „gegen die Gefangennahme und Mißhandlung aller im sozialen Sinne revolutionär tätigen Politiker" einsetzte; nicht seine scharfe Analyse des Leipziger „Tscheka"-Prozesses, der 1925 großes Aufsehen erregte (und der dann auch in Ernst Ottwalts Justiz-Buch „Denn sie wissen, was sie tun" eine wichtige Rolle spielen wird); nicht sein Angehen gegen die politische Justiz auf literarischem Gebiet; nicht seine führende Mitarbeit in dem Bemühen, Max Hoelz aus dem Zuchthaus Sonnenburg zu befreien, die ihn gerade 1927 zu publizistischen Aktivitäten und 1928 zu der Schrift „Sieben Jahre Justizskandal Max Hölz" führte. Die literarischen Reportagen, wie Kisch sie in seinem Band für die Reihe „Berichte aus der Wirklichkeit" vorstellen wollte, sind nicht vom Charakter der politischen Operativität, die die direkte Teilnahme an den Zeitkämpfen verlangte. Das Autobiographische im „Kriminalistischen Reisebuch" wird man aber entdecken, wenn man auf die Töne achtet, die aus dem Hintergrund der Skizzen vernehmbar werden. Drei sehr persönliche Motive vor allem werden ablesbar. Selbsterlebtes ist der Grund für das Mitleiden, das Kischs Berichte von den Zuchthäusern trägt. Er hatte früh schon, in den Zeiten seines Militärdienstes und auch im Wien der nachrevolutionären Monate, Erfahrungen mit Arresten zu machen; wegen illegaler Tätigkeit im Krieg waren Freunde von ihm ins Gefängnis geworfen worden, er selbst war diesem Schicksal nur knapp entkommen. Die Schrecken des Eingesperrtseins nahm Kisch mit durch sein Leben. Mochte er auch durch Hafterleichterungen die Lage von Gefangenen gebessert sehen – er beobachtete es in Rußlands Haftanstalten Mitte der zwanziger Jahre – : das Verfahren der Isolationshaft, selbst wenn es Diebe und Mörder betraf, konnte er nur mit Abscheu betrachten: „Und doch sind es arme Gefangene, Verlust der Freiheit erträgt sich schwer, ist Strafe, die keiner Verschärfung bedarf." Und ein Grauen ist ihm die sich in den Kerkern so überdeutlich zeigende Wiederkehr des Gleichen: „Das ist die ewige Raserei der Justiz," heißt es in einer Skizze zu den Kasematten des Schlosses If bei Marseille, „sie glaubt gerecht zu peitschen und wird selbst gepeitscht von der Politik, heut' von dieser, morgen von jener, Macht geht vor Recht, ohnmächtig schlagen Fäuste gegen Eisentüren. Verschwörungen und Fluchtversuche der Häftlinge enden auf dem Galgen." – Und Naherlebtes ist der Grund auch für den Zorn gegen terroristisch über Gesetzlichkeit hinweggehende Machtpolitik, der in den immer um Sachlichkeit bemühten Berichten Kischs mitunter durchschlägt. Er hatte sich und seine Freunde scharfer Verfolgungen des Gewaltapparates der k. u. k. Monarchie ausgesetzt gesehen; einer seiner Gefährten, der Sozialrevolutionär Leo Rothziegel, war in den revolutionären Kämpfen umgebracht worden; er hatte für die Rotgardisten auf einer Wiener Großveranstaltung 1918 zur Trauer um Karl Liebknecht und Rosa Luxemburg gesprochen. So war die Aufmerksamkeit geschärft, wirkte ein Raster der Wahrnehmung, das nicht übersehen ließ, wie wenig in den neuentstandenen Republiken die Brutalität gegen die verschwunden war, die „aufzumucken wag[t]en gegen Willkür des Unternehmers, gegen Dünkel des Bürokraten und gegen Mißbrauch der Gesetze", die es wagten, „für ein neues Sein einzutreten". Polizei und Justiz blieben so ein spezieller Angriffspunkt für Kischs literarisches Engagement in den Jahren der Weimarer Republik. Eine große Wut steht dabei im Horizont der Skizzen des „Kriminalistischen Reisebuchs", auch wenn sie immer literarisch diszipliniert erscheint. Sie wird nämlich konterkariert von einem dritten Zug, der aus dem Persönlichkeitsgefüge des Autors stammt. Achtet man auf die ironische Aufmachung von Reportagen, die sich als Folgen eines Greuel-Tourismus geben, auf den spöttischen Witz, der der Selbstreklame der Ordnungsmächte gilt, auf die Vielfalt der Verfahren von Distanznahme und Verfremdung, wird man einer Durchheiterung gewahr, die eines der Zeichen ist für die ungebrochen-gebrochene Hoffnung auf eine andere Zeit.

Dieter Schlenstedt

Anmerkungen

8 *Kraljska srbska glavna Polizija* – Kraljevska srpska glavna policija: (serbokroatisch) Königlich serbische Hauptpolizei.

20 *indigène* – (franz.) Eingeborener.
Cour correctionelle – (franz.) Gerichtshof, Besserungsanstalt.
in contumaciam – (lat.) wegen Nichterscheinens.

25 *Dies nefastus* – (lat.) Unglückstag.

26 *Johannés Amos Coménius …* – (franz.) Johannes Amos Comenius, der berühmte Verfasser der „Sprachentür" wurde hier wahrscheinlich am 22. November 1670 beigesetzt.

31 *Denikin* – Anton Antonowitsch Denikin (1872–1947), russischer General, 1919 Oberbefehlshaber der weißgardistischen Truppen, 1920 von der Roten Armee endgültig geschlagen; floh nach England.

32 *Martow* – Julij Ossipowitsch Martow (1873–1923), einer der Führer und Theoretiker der Gruppe „Befreiung der Arbeit"; später Führer der Menschewiki; emigrierte 1920.
Axelrod – Pawel Borissowitsch Axelrod (1850–1928), Mitbegründer der Gruppe „Befreiung der Arbeit"; Führer und Theoretiker der Menschewiki; emigrierte nach 1917.

49 *Cachot* – (franz.) Gefängnis.
Donjon – (franz.) Festungsturm.

51 *Semstwo* – 1864 in Rußland eingeführte Selbstverwaltung für Gouvernements und Kreise.

52 *Asew* – Jewno Asew (1869–1918), seit 1893 Spitzel der Ochrana in der Parteileitung der Sozialrevolutionäre, verriet zahlreiche Revolutionäre; wurde 1908 entlarvt; floh ins Ausland.

54 *der erste Parteitag 1908* – 1908 fand kein Parteitag der SDAPR statt. Der erste Parteitag war 1898.
Lunatscharski – Anatolij Wassiljewitsch Lunatscharskij (1875–1933), sowjetischer Politiker und Schriftsteller, 1917 bis 1929 Volkskommissar für Unterrichtswesen und Volksaufklärung.
Maria Smidowitsch – Vermutlich ist Sofja Nikolajewna Smidowitsch (1872–1934) gemeint. Sie bekleidete nach der Oktoberrevolution eine Reihe hoher politischer Ämter und setzte sich insbesondere für die Verbesserung der Lage der arbeitenden Frauen ein.
Kollontay – Alexandra Michailowna Kollontai (1872–1952), sowjetische Diplomatin und Schriftstellerin, wurde 1917 ins ZK gewählt.

54 *Solz* – Aaron Alexandrowitsch Solz (1872–1940), nach 1917 Mitglied der Redaktion der „Prawda"; von 1921 bis 1933 Mitglied des Präsidiums der Zentralen Kontrollkommission.
    Semaschko – Nikolai Alexandrowitsch Semaschko (1874–1949), einer der Organisatoren des sowjetischen Gesundheitswesens.
    Deutsch – Leo Grigorjewitsch Deutsch (1855–1941), Narodnik, später einer der Organisatoren der marxistischen Gruppe „Befreiung der Arbeit" (1883), seit 1903 Menschewik, gab nach 1918 jede politische Tätigkeit auf.

58 *Beurs voor den Diamanthandel* – (niederl.) Diamantenbörse.
    keep – (niederl.) Kerbe, Einschnitt; hier gekerbt, eingeschnitten.

60 *Cachet* – (franz.) Siegel.

64 *Pellico* – Silvio Pellico (1789–1854), italienischer Dichter und Publizist, kämpfte für die Einigung Italiens; die Jahre der Kerkerhaft schildert er in seinem 1832 erschienenen autobiographischen Werk „Le mie prigioni" (Meine Gefängnisse).

71 *Brieux' „Schiffbrüchige"* – Eugène Brieux (1858–1932), der Autor erfolgreicher sozialkritischer Dramen, schrieb 1901 das Theaterstück „Les Avariés" („Die Schiffbrüchigen").

81 *Max Hölz* – Max Hoelz (1889–1933) organisierte 1920 den bewaffneten Kampf im Vogtland gegen den Kapp-Putsch und war einer der Führer des mitteldeutschen Aufstands 1921. Auf Grund einer fingierten Mordanklage wurde Hoelz 1921 von einem Sondergericht zu lebenslänglichem Zuchthaus verurteilt. Kisch setzte sich für seine Freilassung ein; er schrieb die Aufsätze „Der Gefangene Max Hölz" und „Sieben Jahre Justizskandal Max Hölz" und gab 1927 Hoelz' „Briefe aus dem Zuchthaus" heraus.

Zu dieser Ausgabe

Textgrundlage unserer Ausgabe ist die Reportagensammlung „Kriminalistisches Reisebuch" von Egon Erwin Kisch, die 1927 im Verlag Die Schmiede erschien. Offensichtliche Satz- und Druckfehler wurden stillschweigend korrigiert. Hervorhebungen sind durchgängig kursiv gesetzt.

Im Text „Österreichische Polizei in Serbien (1917)" ist das Wort „allmählich" in „allmächtig" korrigiert (2. Absatz).

AtV Ein Lesebuch für unsere Zeit

Band 80

Egon Erwin Kisch

Herausgegeben von Dieter Schlenstedt

Originalausgabe

Mit 12 Abbildungen
432 Seiten
24,80 DM
ISBN 3-7466-0088-X

Kisch verteidigte die Würde des Publizisten gegen Pragmatiker, die Phrasen und Demagogie favorisierten, Manipulation oder gar Lüge verlangten. Neugierde auf Tatsachen, Streben nach dokumentarischer Wahrheit, sozialer und historischer Erkenntnis waren die Quellen all seiner Reportagen, Feuilletons und Erzählungen. Unser Lesebuch stellt die Vielfalt der Stoffe und Texte vor: Alltagsszenen, Abenteuer und Landschaften in Europa, Amerika, China, Mexiko, Australien; das Reich der Bolschewiken; historische Skizzen; Industrieberichte; autobiographische Schriften; Reflexionen über Reportage und realitätsnahe Literatur.